刘志丹的故事

马　骆　编著

中国社会出版社

编者的话

胡锦涛总书记在一次中央领导集体学习时，特别强调要铭记中国革命史。他说，要把学习中国革命史与加强理想信念教育紧密结合起来，做到任何时候、任何情况下，都坚持理想信念不动摇、革命意志不涣散、奋斗精神不懈怠。

一部中国革命史的核心内容和本质要义，自然是爱国主义、革命理想和革命英雄主义。要铭记中国革命史，就必须坚持并加强革命传统教育，就要突出向革命英雄学习，学习他们为了革命理想和共产主义信念前仆后继，不怕流血牺牲的大无畏革命精神。

这套《英雄故事丛书》应时而生、应运而生、应势而生。丛书首批精选了《雷锋的故事》《张思德的故事》《刘志丹的故事》《刘胡兰的故事》《黄继光的故事》《马本斋的故事》《赵一曼的故事》《江竹筠的故事》《杨靖宇的故事》《邱少云的故事》《董存瑞的故事》《狼牙山五壮士的故事》《方志敏的故事》《王若飞的故事》《向警予的故事》等十几位最具代表性的革命英雄人物的动人故事，奉献给广大读者。当我们开卷阅读这些生动、形象的理想信念教育和革命英雄主义教育的珍贵图书时，仿佛看见光辉璀璨和感人泪下的英雄群体列队正向我们大步走来；似乎听到了英雄们高声歌唱的《国际歌》；好像伸手就能够触摸到英雄们跳动的脉搏。通过这套丛书，我们又会真真切切地感觉到，英雄是民族的脊梁。中华民族正是因为有了一代又一代层出不穷的民族脊梁，才会在中国革命史上书写了一页又一页的光辉篇章，也才会有今天中华民族的伟大振兴。然而，在物欲横流面前，也有一部分人变成了金钱和物质的俘虏和奴隶。他们无视民族英雄的存在，把民族英雄、革命理想和光荣传统抛在脑后。当有人提议要进行革命英雄主义教育的时候，竟然会有人不屑一顾。据一次若干所中小学校的千人社会调查结果反映出，知道刘胡兰、黄继光、董存瑞等英雄人物的中小学生，竟然不足被调查人数的20%，能够说出英雄人物感人事迹的更是屈指可数。难道这还不令人深深叹息和无比痛心吗？

无疑，《英雄故事丛书》的读者是全体国民，但是其主体读者是广大青少年、解放军战士、青年工人、青年农民和大中小学生。100年前有识之士梁启超说过："少年智则国智，少年富则国富，少年强则国强，少年独立则国独立，少年自由则国自由，少年进步则国进步，少年胜于欧洲则国胜于欧洲，少年雄于地球则国雄于地球。"青少年永远是祖国的希望和未来，以爱国主义和革命英雄主义为主旨的"八荣八耻"教育，首先在广大青少年之中展开，不仅是现实的迫切需要，更有其远大的战略目标。

《英雄故事丛书》的作者，大都是40～50岁，他们以高度的责任心、丰富的社会经验、充实的历史知识、深邃的洞察能力、成熟的写作技巧融入的这套丛书，翔实厚重、手法灵活、视角独特、可读性强。他们为广大青少年读者奉献了一套内容丰富的精神食粮，一套不是教辅胜似教辅的好书。在此，我们代表广大读者，尤其是青少年读者，向这套丛书的作者表示由衷的谢意！

目录

引　子

正月里来是新年
陕北出了个刘志丹
刘志丹来是清官
他带上队伍上横山
一心闹共产

二月里来刮春风
刘志丹来是英雄……

西北的信天游这样唱着，千人歌万人和，一唱几十年，传唱至今。

陕西有个志丹县。那个县原名保安，后为纪念刘志丹而改名的。

毛泽东为刘志丹题词：

群众领袖
民族英雄

周恩来的题词是：

上下五千年
英雄万万千
人民的英雄
要数刘志丹

领袖的题词，是对英雄最好的评价。但评价如此之高，实属罕见。这是为什么？

如果我们回眸历史，重温一下刘志丹的革命生涯、传奇经历、卓越功勋、高尚品格，我们就会觉得，领袖的题词是实事求是、恰如其分的。正是刘志丹与谢子长等战友们，为了穷人的翻身，为了民族的解放，不怕艰难困苦，不顾腥风血雨，百折不挠，失败了再干，硬是用鲜血和生命缔造和捍卫了西北红军和革命根据地。这块当时全国唯一幸存的革命根据地，成为了中央红军北上抗日的立脚点和出发点。毛泽东在这块土地上住了13年，这13年是中国革命孕育成熟的13年。陕北，成为中国革命的摇篮，走向胜利的起点。对此，毛泽东等领袖们总是念念不忘。

刘志丹只活了33岁，但他却长期被人们所称颂、所纪念。正如毛泽东在刘志丹牺牲6周年时所写：“我到陕北只和刘志丹同志见过一面，就知道他是一个很好的共产党员。他的英勇牺牲，出于意外，但他忠心耿耿为党为国的精神永远留在党与人民中间，不会磨灭的。”直到2003年刘志丹诞辰100周年时，党政有关部门再次组织了形式多样的纪念活动，人们发誓继承志丹精神，建设今天的和谐社会，实现民族的伟大复兴。

“留取丹心照汗青”，活在人心便永生。刘志丹的英雄形象，就这样深深地刻在了人民心头，比任何铜浇金铸的丰碑更永久。

好了，就让我把笔触拉回到上个世纪早期那烽火连天的岁月，再现刘志丹那独特的爱恨情仇、那不朽的丰功伟绩吧！当然，这些描述只不过是一些片断……

来生来生，刘家来了个好“后生”

（一）

千百年来，居住在贫瘠的陕甘黄土高原、披着破羊皮袄的人们，无时无刻不在向往着改变自己苦难的处境。

这里，春季弥天的黄风，像利刀一样，削刮着初吐的嫩芽；夏天，烈日炎炎，烧烤着大地，黄土变成了沙粒；秋日，山洪泛滥，像饿虎般咆哮着，冲走了成熟的庄稼，房倒屋塌，川道的居民不得不栖身到山上的洞穴；冬月，冰天雪地，整个大地都凝结成了一个坚硬的冰块。

一眼望不尽的黄土山包，越变越黄，越变越光，简直像穷人被剥去了身上的衣服。封建军阀、土豪劣绅，仍然张着血口，吸吮着老百姓的血汗，恨不得刮走他们最后的一把米和仅有的一张羊皮。天灾人祸，把陕北人民抛入了苦难的深渊。贫穷、饥饿、瘟疫、战火、苛捐杂税、地租徭役像恶魔一样，年复一年，一代又一代折磨着他们。一有天灾，经常出现狗吃人、人吃人的惨痛事件。在这块土地上，人民付出了多少血和泪啊！

陕甘黄土高原，从古时候起，就是鏖战的沙场。这里出现过千百次为保卫民族生存和农民求得自身解放的战争。这里曾是吴起、秦始皇、蒙恬、汉武帝、卫青、霍去病、唐太宗、郭子仪、范仲淹、狄青等历史人物驰骋的疆场。吴起镇（现改名吴旗）就是为纪念吴起而命名的。秦始皇北巡时，修在陕甘交界子午岭上的“直道”仍有遗迹可查。遍布在陕北山头上的城堡、关卡、烽火台就是战争的见证。

这里的居民，相传多为古代兵将的后裔，刚直尚勇。当苦难使他们再也忍受不下去的时候，就起来造反。隋朝时，农民领袖刘加伦曾率十万之众起义于延安。明朝末年，出现了米脂人李自成领导的中国历史上最伟大的一次农民起义，震撼了中国，震撼了世界。280年以后，即21世纪初，由孙中山先生领导的资产阶级民主革命爆发了，人民对清朝的封建专制统治发动了猛烈的攻击。陕北人民也纷纷起义。在保安县，1907年发生了有4000人参加的“硬肚”（言其有一身功夫，刀枪不入）起义，曾建立了农民政权18天。三年以后，又爆发了另一次起义，烧毁了保安县衙。辛亥革命时，保安农民包围了县城，赶走了清朝知县。

刘志丹，就诞生在这陕北黄土高原之中的保安县金汤镇芦子沟村。

保安，北宋时是边防上一个军事要塞。金汤镇则是前沿重镇。这里，西傍洛河，东依峻岭，十分险要。“金汤”二字就是古语“金城汤池”的省语，比喻城池之牢固，亦即“固若金汤”之意。至今古城旧堡虽已残破，但鏖战过的形迹，仍历历在目。自然使人想见当年我们祖先英勇抗击侵略者的情景。

刘志丹的祖上已无据可考。现在我们只知他的曾祖父名叫刘存敏，是个穷苦农民。刘存敏有两个儿子，大儿子名叫刘士杰，长到十四五岁，被送到保安县一个秀才家当侍童。刘士杰勤奋刻苦，脑子灵，跟着秀才认下了不少字，渐渐能看懂一些书籍、文告，知道了许多国家大事。秀才死后，刘士杰看到中国在鸦片战争和中法战争中连吃败仗，英国、法国、日本等列强不断蚕食和侵略我国的领土和属地，十分气愤，便跑到甘肃参加了清朝军队，以图报国。但是不久，陕西爆发了回民起义，清朝政府对外屈服，对内则残酷镇压，指派甘肃清军，对起义回民进行围剿。刘士杰不愿屠杀同胞，当了逃兵，跑到山西临县躲避。

刘士杰在山西无以安身，以打短工为生，受雇于一个老农。一天，主人要给儿子订婚，找不到写婚书的人。刘士杰毛遂自荐，说他能写。主人不信，他说了自己曾给秀才当侍童的事。主人请人看过，果然写得不错。主人高兴地说："你真是红萝卜拌辣子，吃出看不出呀!"这事一传开，村中人说："好不容易碰到一个识字人啦!"就留下他在村子里给娃娃们启蒙。他为人正直，开通明理。贫寒人家都敬重他。教了两年书，陕西平静了，他又回到保安县。这时，家乡已是满目荒凉，人烟更稀少了。他的家中只留下了一孔没门没窗的黑窟窿窑洞。

人常说："金窝窝，银窝窝，不如我这穷窝窝。"刘士杰感到还是本乡本土亲切，决心住下来务农。不久，从甘肃逃来一个姓任的寡妇，非常可怜。经人说合，刘士杰娶她为妻。从此，金汤镇芦子沟又有烟火了。

这芦子沟，是一条狭沟中的小山庄。距县城200多里，距金汤镇15里，既偏僻又荒野。山后的森林都还是原始的样儿。

一年以后，刘士杰得了个儿子，起名刘培基，这就是刘志丹的父亲。刘培基一会说话，刘士杰就教他识字。后来又送他上私塾。

几年之后，刘培基在延安府考中了秀才，回来在金汤镇以教书为业。经三媒六证，娶了镇上一王姓女子为妻。

1903 年 10 月 4 日（光绪二十九年八月十四日），刘志丹诞生了。

刘士杰年老得孙，十分高兴。乡亲问他："是男是女?"刘士杰说："是个后生。"乡亲又问："你给起了个啥名?"刘士杰说："就叫'来生'吧！刘家来了个后生。"说得众人哈哈笑了起来。孙子上学时，他又给起了个大名，叫刘景桂，字子丹。刘志丹参加革命后，自己改为现名。取自文天祥《过零丁洋》中"留取丹心照汗青"句，以示自己赤心为党，忠心报国。

刘志丹四、五岁时，祖父、父亲都教他认字。再大一些，祖父还经常向他讲些当地的故事。辛亥革命前后，保安的几次农民起义，刘士杰父子都参加过。刘士杰还替起义队伍写过告示。民国以后，他们是当地第一批剪掉"猪尾巴"辫子的人，有人称他们为"新党"。他们常用自己经历的事，教育刘志丹作正直的人。当祖父讲起古代英雄行侠仗义、不畏强势、除暴安良的故事，讲起李自成起义，为民除害，杀富济贫，以至打进北京城把崇祯皇帝吓得上了吊的事，刘志丹听得最高兴。

刘志丹 6 岁上义学以后，十分用功。每天除了读书以外，还要写大字、小字。读书中有哪个字不认识，就查字典。把读音、意思都要彻底弄个明白。例如他读到《论语·学而》篇"学而时习之，不亦说乎?"老师讲："说"字在这儿不读说话的说，应读喜悦的悦。他为了弄通究竟，一查《康熙字典》，才知道这个字在古籍中有四种用法，一当说话用；一当游说（读税）用；一当"悦"用；一当"脱"用。如果不弄清楚，读古籍时就会失之毫厘，差之千里，把意思全弄错了。正因为他学习有细心探根究底的精神，所以掌握的知识多，不但文章写得通畅，而且寓意深刻。不过五、六年光景，他就把那四书五经，全读过了。当然，他最感兴趣的还是那些言简意赅的古诗，“锄禾日当午，汗滴禾下土，谁知盘中餐，粒粒皆辛苦”，“四海无闲田，农夫犹饿死”，“任是深山更深处，也应无计避征徭”……这些脍炙人口的名诗佳句，他常常挂在嘴上，有时还皱起眉头，思索诗中意境。

（二）

辛亥革命后，保安县在永宁山办起了高等小学。刘志丹被父亲送去上学，父亲的意思是想叫他学些本领，将来做生意。学校有一位老师，名叫李子才，是从省城西安请来的。他拥护孙中山的主张，经常在学校宣传“民主”和“科学”，反对封建迷信，反对男尊女卑，提倡富民强国。15 岁的刘志丹大开眼界，不但知道欧美有民主革命，而且出现了工业革命，有了火车、轮船、电灯等新事物。刘志丹常想：“中国为什么这么腐朽？已经推翻了清王朝，土豪劣绅为什么照样横行？我们中国能不能富强起来？”脑子里的问号越来越多。

李老师告诉他：“封建军阀代替了封建皇帝的统治，他们都是一丘之貉。当然政治腐败，民不聊生，国弱民穷。照这样下去，是要亡国的。”

刘志丹愤愤不平地说：“难道我们能忍看国家这样沉沦下去吗?”

“没有别的办法，只有革命可以救中国。”李老师坚定地回答。

从此以后，刘志丹十分留心国家大事，努力探求救国救民的道理。当他从史书中读到李自成驰骋中国，英勇斗争的事迹时，不禁慨然叹服。

刘志丹放学回到家中，又向祖父宣传“民主”、“科学”的道理。祖父一听也开了眼界，十分称赞，说：“大丈夫就是要为国为民做一番事业。”

刘志丹的父亲刘培基，为了发家，从教书转为经商。没几年工夫，就有了一定实力，地里的庄稼连成了片，街上有了刘家的铺子。以后刘培基又作了镇上的副官，渐渐交往起官场的人物。刘志丹和爷爷都看不惯他的行为，经常有些冲突。

金汤镇附近的金佛坪村，住着一户张家，一连八代都是清朝的“武举”，代代男人差不多都有官位。辈辈横行乡里，是当地有名的一霸。辛亥革命以后，张家的公子张鸿儒，投靠了陕北军阀——榆林镇守使井岳秀，被封为“三边（定边、靖边、安边）民团团总”（即“三边”总督）。他有恃无恐，更加仗势欺人，掠夺无度。群众恨之入骨。但刘培基为了发财，却想攀攀张家的门第。刘士杰对儿子的这种作风十分反对，多次告诫，但他不以为然。

刘培基羡慕张鸿儒的事业发达，便多方设法，与张鸿儒拉点关系。他逼着刘志丹和他一起做生意，以便快点发家。他还逼着刘志丹和张鸿儒的儿子张廷芝交往，好造成一点“世交”的氛围，以便能多套点近乎。可惜，他的如意算盘打错了，错在他不了解自己的儿子。

刘志丹最厌恶的就是张鸿儒这种无恶不作的坏家伙。偏偏张廷芝又太像他的父亲，他最庆幸的就是生在张家，可以享受荣华富贵，可以为非作歹又不受惩罚。这两个小孩子到了一起，“友谊”如何也就可想而知了。

刘志丹和张廷芝，其实没有任何交往，因为刘志丹绝不会主动跟张廷芝打交道，他们二人的碰面，可以说每一次都是不期而遇，狭路相逢，心里都愤愤的，经常会大打出手。

别看张廷芝年龄不大，却养成了一种恶习，爱打骂附近的一些小姑娘，每次让刘志丹撞见，刘志丹都会揍上他一顿。有一次，张廷芝要报仇，就纠集了他们家族的一群小孩，企图把刘志丹打一顿。哪里想到，刘志丹很有人缘，颇有号召力在穷孩子中间振臂一呼，应者云集。张家的“军队”一到，刘志丹的小伙伴就把他们打了个落花流水，抱头鼠窜。想想也是，那些四体不勤的纨绔子弟，哪里会是这些整日帮父母种庄稼练就一手好气力的孩子们的对手呢。尤其是张廷芝，更是被打得鼻青脸肿，狼狈不堪。

打了张廷芝，刘志丹心花怒放。可是父亲刘培基却愁眉紧锁，怒气冲冲地教训刘志丹：“张团总的儿子，也是你能打的吗？你闯了大祸，快跟我到张家赔礼道歉去。”刘志丹哪里肯去？他忿恨地说：“你就是打死我，我也不会向这个坏蛋低头认错的。”父子俩争执起来，惊动了爷爷刘士杰。爷爷一生正直，立刻给孙子撑腰，反而把刘培基教训了一顿：“咱们刘家的人，活的是一副傲骨，岂可平白无故给张家的人道歉。兴他打人，就不兴人打他？世上哪有这样的道理？亏你还是男子汉大丈夫！”祖孙俩站在一条战线上，刘培基也就不敢再言语，此事也就这样过去了。

刘士杰越来越老，不能下地劳动了，就把家事交给了刘培基主持。刘培基仍然在外做官或经商，雇了长工在家做活。刘志丹平常放学回家，他祖父就让他和长工一块下地做活，或者拦羊放牛，或者割草打柴，总不让他闲散。

有一次，刘志丹和村中几个娃娃上山放羊，突然来了3只大狼。那几个娃娃一见狼来了，拔腿就跑。刘志丹喊住他们说：“咱们人多，又有狗，怕啥！”几个娃娃把羊赶在一起，站在羊群中间，吆呼着五六只狗，围绕着羊群狂叫。他们齐声喊着“打狼！打狼！”用拦羊铲铲起石块猛烈地向狼掷去。附近干活的人听见了，都赶来打狼，狼吓跑了。大人一看他们摆的阵势，夸奖说："好娃娃，你们有主意，有办法！"娃娃们说："是来生的主意。"

（三）

从李子才老师的口中，刘志丹知道了"革命"这个词，常在心头闪现。但"革命"该怎么个革法，李老师没有细说。刘志丹想起了李自成，想起了梁山好汉，他觉得也许这也是一种"革命"吧。

一天中午，同学王子宜来找正在看书的刘志丹，说："快让脑子休息一下，咱们到永宁山顶上吃杏。"

好朋友王子宜、曹力如和刘志丹结伴走出了学校，向永宁山走去。他们过吊桥，攀石梯，爬过石缝，钻进通天洞，上了山顶。放眼眺望，群山苍翠，尽收眼底。仰视蓝天，白云红日，雄鹰盘旋，俯视洛河，碧波粼粼。他们情不自禁惊叹山寨的险要高峻，真是"一夫当关，万夫莫开"的天然关隘啊！怪不得反动的衙门由保安城搬到了这里，因为有天险可凭嘛。

登高临远、一览众山小的时候，最容易激发男儿的雄心壮志。三个人正在念天地之悠悠，感国家之黑暗，思忖自己应该拼将一腔头颅血，誓把乾坤力挽回的时候，突然从山下传来一阵又一阵的喊叫声："硬肚来了，硬肚来了。"

"硬肚"这个名字听起来很古怪，其实很简单。几千年的封建历史，就是一部残酷剥削史、暴政史。统治阶级的残暴达到了一定程度，善良的老百姓忍无可忍就揭竿而起，很多次的农民起义在历史上都留下了重重的一笔。面对统治阶级组织严密、训练有素的军队，老百姓往往借助宗教的力量，把自己人团结起来。像历史上的黄巾起义、白莲教的活动、太平天国起义等都是借助了宗教形式来组织和发动群众的，晚一些的义和团运动也是如此。陕北这几年连遇旱灾，赤地千里，老百姓本来已艰难生存，反动政府不但不给予救济，反而更加残暴地催粮要款。老百姓没有了活路，被逼拿起大刀、长矛，以暴力反抗苛捐杂税。他们身穿红兜肚，说是喝了符水，就有神明附体，可以刀枪不入，所以人们管他们叫“硬肚”。“硬肚”到处造反，杀贪官、除恶霸，令统治阶级闻风丧胆。由于许多县官被杀，做着升官发财梦的政客们，为项上人头计，都不敢来这里上任，保安县的县衙门，不得不搬到永宁山上来，这才来了新任县长王从授。县衙上山，让人感觉与其说这个衙门是“政府”，不如说是“匪巢”。

这时刘志丹他们从老远的山顶向下望去，看见吊桥突然“吱吱吱吱”响着放了下来，王从授亲自带着警察，杀气腾腾走下来去打“硬肚”。“硬肚”看见警察过来，就冲了上去。可是警察有枪啊，就叭叭地扣响了扳机。“硬肚”自称能刀枪不入，可那都是自欺之言，血肉之躯怎么能敌得了子弹呢？顿时，十几个“硬肚”便应声倒下，没有枪，抵挡不住，其余的“硬肚”只好向后撤退。王从授象征性地追赶了一阵，抢了一大堆老百姓的牛羊，又返回了永宁山。

这是刘志丹亲眼所见，他听到的就更多了。对这些事情，刘志丹义愤填膺，恨得咬牙切齿。他对同学王子宜说：“我将来一定要学李自成，带领千军万马把这个狗官的眼珠子挖出来……”

王子宜说：“可是，这些‘硬肚’不都是想学李自成吗？狗官手里有枪，咱怎么能斗得过他？”

刘志丹沉思了半晌，思绪如麻。他忽然把手一挥，对王子宜说：“走，读书去！”

（四）

刘志丹小学毕业后，懂得的事更多了。因为他在学校受到了李子才老师民主思想的熏陶。他一不去做生意，二不去求官。没有事情好做，只好回家务农。他穿起粗布衣，扛起农具，和他家的长工张万银一起上山干活。

张万银本是秦岭山区商县人，由于被地主赶出门外，才和老婆带着两个儿子逃到陕北。他刚来，被金佛坪张廷芝雇去作长工。干了三年，没给一文工钱。张万银去要，张家总管说："你老婆孩子吃谁的?"张万银说："老婆孩子也给你们干活。"张廷芝听见了，拿起一个铜壶，向张万银打过来，骂道："老狗日的，我们养活了你一家，你还要钱，滚!"被他们赶走了，张万银正无处安身，被刘培基雇来了。刘培基每年给他工钱一个不少。特别是刘士杰完全把他当自己人看待，让刘志丹把他叫"干大"(义父的意思)。刘志丹处处尊重他，张万银十分感动，常对人说："我找到了一个好主家。"

上山干活，身高体壮的张万银走在前头，比他个子低点、身子瘦些的刘志丹跟在后边。张万银常说："你是个念书人，干这事，真把你糟蹋了。你看你脚上打起泡，手上起了老茧，脸也晒黑了。再这样下去，你会把书忘光的。"

刘志丹展开浓眉，两只大而黑的眼睛深情地望着张万银，叫了一声"张干大"，说："在家做庄稼活，总比当官欺压人好。"

张万银说："要有合适的事做，你还是出去做事，家里的活有我做。你们一家人是我的救命恩人。"

刘志丹摇着头说："你怎么能这样说，你不种庄稼，我们一家人吃什么？你是我们的大恩人。"

张万银说："要是出个能人，把这世道改改，天下穷人不受气就好了。"

刘志丹说："我要做事，一定替穷人办事。"

他俩一面劳动，一面谈话，亲如父子。刘志丹跟着他干了一年活，耕地、锄地、收割，大体上都学会了。身体也越来越结实。张万银看着刘志丹，就眯起眼睛笑着说：“念书人到底灵，学啥会啥。”

不久，刘培基夫妇给儿子定了一门亲事，为的是早娶过来媳妇，给家里增加一个劳动力，也好侍候年老多病的父母。订的是西乡姓同的一个女子，名叫同桂荣。刘志丹和她结婚后，看她能劳动，人品好，尽管是媒妁之言，“布袋买猫”娶来的，自己却也没有什么不满意的，反而很同情她。有闲空时，就给她讲些国家大事。要她把张万银也当自己老人看，平常多问寒问暖。同桂荣说：“念书人都看不起庄稼汉，躐的老远老远，只怕把他臭了。你倒把庄稼人当事。”刘志丹说：“没有庄稼人，人都得饿死。”同桂荣说：“人家念书都为的是找个事做，坐到凉房下享福。偏你念下书回到家里受苦（当地人把做庄稼叫“受苦”）。”刘志丹说：“你是个‘受苦’的，为啥还瞧不起‘受苦’的？咱可不能忘本。”同桂荣点头，但心里却很纳闷：“就他和人家想的不一样。”

虽然刘志丹宁肯当农民，不愿做官去欺压老百姓，但对怎样替穷苦老百姓办事，他却是很茫然的。

学生运动领头人

（一）

“五四”运动以后，陕北政治、经济的中心城市——榆林，办起了一所中学。这是陕北23县唯一的一所中学，其轰动程度可想而知，想考进这所学校的难度也可想而知。刘志丹听说这个中学讲民主、讲科学，本来沉静的性格，一下奔放起来，一心想去上中学，学习新的知识，寻求救国救民的真理。

1921年，18岁的刘志丹，在爷爷的支持下，冲破父亲设置的障碍，毅然离开家乡，步行七、八天，来到离家五百里路程的榆林。

这榆林城，矗立在一眼望不尽的沙漠和万里黄土丘陵的交界地。一片黄茫茫的大地上，突然出现这样一座青砖白石的偌大城市，真是塞上的奇迹。

榆林城不但是历来的军事要塞，而且是蒙汉两族人民经济交流的商埠。每日来往的骆驼队、骡马队络绎不绝。一条白色石头铺成的大街，由南向北，逐步升高。每走一段，就有一座雕梁画栋的牌楼横跨街上。街两旁或是用青砖拱起的窑洞，或是朱门高房的商号，里面摆着各种百货和皮毛、地毯、毛毡。当地人自誉他们的城市是“小北京”，但实际上它是富人的乐园，穷人的囚牢。朱门的四合院内，纸醉金迷；街道的屋檐下，到处是要饭的。榆林中学坐落在街北头的山坡上。一排排灰蒙蒙的青砖窑洞，倒像是被雾迷住了的眼睛。刘志丹初到时的兴奋心情，一时又沉重起来了。

考试的日子到了。第一场考的是国文。题目是明清之际思想家顾炎武的一句话：“士先器识而后文艺。”刘志丹一看试题，心里大喜。刘志丹熟读过他写的《日知录》，很敬佩这位学识渊博的思想家，读书时，就对他的主张颇为赞同。刘志丹对此题目甚有感慨，稍做思索便铺纸提笔，从当今社会的黑暗，人民生活的疾苦，写到年轻人的抱负，写到自己的雄心壮志，同时延伸到要想救国救民，就要习文练武，惟其如此，学问才有用处。他一泻千里，字字珠玑，把自己对社会的不满，对光明的向往及追求，把自己的决心和远大志向全都写了进去。整篇文章没有一点墨滴，蝇头小楷，工工整整。校长杜斌丞看完之后，不禁拍案叫好，称赞刘志丹是个人才，肯动脑子，肯想问题，有创新精神，有文采，字体工整漂亮。最后，刘志丹以第五名的成绩被榆林中学录取。

榆林中学校长杜斌丞，是个爱国进步人士，他为了给陕北培养人才，不断从外地请来进步教师。1921 年冬，他从北京请来了一位教师，叫魏野畴，北京师范大学历史系毕业；以后又请来李子洲，北京大学哲学系毕业。他们都是本省人，魏是兴平县人，李是绥德县人。在北京时，他们是西北籍学生的领袖。“五四”运动中，他们都是闯将。后来参加了李大钊组织的共产主义小组。中国共产党成立以后，他们即转为党员，是西北最早的党员。魏野畴在北京时，还建立了“共进社”，出版了《共进月刊》，成为西北同学交流思想的阵地，团结和教育了西北新的一代。他们回到陕西，立志于在西北宣传共产主义，建立共产党组织。人都说他们是“过激分子”，是“CP”（共产党），但是在外表上，他们和一般教师毫无二致。清瘦的身体，穿着长袍，孜孜不倦地关心着每个同学的学业。所不同的是，他们订了各种各样的杂志，房间的书多是马克思列宁的著作。他们对学生和蔼可亲，是学生的知心朋友。像磁石一样，吸引着求知心切的同学们。

魏、李二位教师，一来就发现名叫刘志丹的学生十分好学，很有抱负，为人谦虚诚实，热心于公众事情，就主动找他谈话。刘志丹早就敬佩魏、李二位老师，也主动接近，虚心求教。魏、李二位老师，向刘志丹介绍国内外形势，介绍他读马列主义书刊。刘志丹一接触到这些崭新的思想，就完全着了迷，如饥似渴地学习起来。他深感自己虽痛恶强暴，反对不平，却不知道万恶的来源均出自剥削阶级，出自帝国主义、封建官僚、大地主、大资本家，非与剥削阶级进行你死我活的斗争，是不能改变环境的。一次，他在《新青年》杂志上，看到李大钊写的《布尔什维主义的胜利》。文中说：“二十世纪的革命，像这般滔滔滚滚的潮流，实非现在资本家政府所能防遏得住的……由今以后，到处所见的，都是布尔什维主义战胜的旗。到处所闻的，都是布尔什维主义凯歌的声。人道的警钟响了，自由的曙光现了。试看将来的环球，必是赤旗的世界！”这激荡人心的预言，使刘志丹兴奋得彻夜难眠。布尔什维主义使他看到了中国的前途，看到了世界的前途。他认定只有共产主义才是救国救民的真理。决心作旧社会的叛逆，共产主义的新人。

那时上中学，每月最少得花三、四块银元，刘志丹省吃俭用，用节省下来的钱买新书看。为了多学东西，他每天早起晚睡，常常看书看得忘了吃饭。有的穷同学买不起书，他就帮助买。假期他回到家中，父亲见他穿的很旧，责问他把钱干了什么，刘志丹不知说什么好，张万银老汉在一旁说：“你放心吧！来生不是乱花钱的人。”

（二）

榆林中学有杜斌丞校长的支持，在魏、李二位老师的影响下，渐渐兴起了民主风气。学生要求自己管理学生灶，以杜绝贪污。学校很快同意学生成立灶务理事会。刘志丹被上灶的300多同学选为“灶长”。他本来办事细心，对公众的事更是认真负责。为了使同学们吃得好又省钱，自己和各理事轮流上街买菜，一有空就去“帮厨”。果然伙食费一月比一月低，吃得一月比一月好。同学们竖起大拇指说：“刘灶长有办法。”

刘志丹还把办灶看成是团结同学和学校工友的好机会。他组织同学业余给工友教字，帮工友干活。晚上来到厨师们住的窑洞，请年老的讲民间故事，年轻的唱陕北民歌。有一次一位老工友唱了一首《信天游》：

说你漂来你实在漂，
跑到城里住洋学校。
白白的脸蛋细细的手，
读书人都给财主把事做。

这歌正好被魏野畴老师听见了，他走进来说：“这首歌好，反映了民众对念书人的失望。你们可不要做这种人呀！”刘志丹说：“魏老师讲得很对，读了书要为穷人做事。”魏老师坐下来和大家谈起革命的道理，向工友们了解陕北的民情风俗。他和大家谈得是那样亲热。

过去学生把工友当“下人”看，工友把学生当“少爷”看，关系冷淡。现在变了，团结在一起，互相帮助。厨师们住的地方，还成了同学们谈论社会情况和交流新思想的场所。

不久，榆林中学在魏野畴老师的倡导下，成立了学生会。刘志丹被选为学生会会长。学生会成立后，积极开展革命活动，成立了各种进步学术团体。有“社会科学研究会”、“文学研究会”、“体育研究会”等，由魏、李二位老师向同学讲《社会发展史》、《政治经济学》、《中国文学史》等课目。魏老师还教大家打球、游泳。同学们的思想和生活顿时活跃了起来。沉闷之气，一扫而光。

学校还有几位留着“猪尾巴”辫子的老师，学生会每做一件新事，他们都要评头品足，把打球、游泳也算作“有伤风化”。有的同学被他们一骂，就缩回去了。刘志丹给大家鼓劲说：“人家一骂，就缩回去了，那还能办成什么事！田禾顶破了土才长出来。咱们要顶一顶这些老腐儒，才能站出来。”

由于同学们团结战斗，和老腐儒们顶着斗，他们才不再说三道四了。

有一次看戏，大家坐好了位子，几个纨绔子弟依仗军阀和官僚老子的势力，要坐在前面的同学给他们让位子。同学们不答应，说：“想坐好位子就得早来。”纨绔子弟出口就骂，带来的狗腿子马弁上手要打。刘志丹一声大喊，几百名同学哗地站了起来。学生会干事大个子杨国栋，把外衣一脱，抡出两个拳头。同学们一起喊：“打!”纨绔们一看人多势众，吓得溜了。

本来这些纨绔们十分自负，总觉得自己高人一等，常寻衅挑事，欺侮同学，从这以后，规矩多了。

（三）

学生会从校内活动，渐渐走向了社会。为了向群众宣传革命思想，成立了“戏班子”（业余剧团），刘志丹兼“班主”，自编自演新戏。那时社会上把演戏看作是低人一等的事，更看不起妇女。因而同学都不愿当“戏子”，更不愿演女角。刘志丹为了打破这种陈腐的观念，自告奋勇演女角。魏野畴老师主动演反角，倡导了一派新风。

有一次，刘志丹演一个穷人的女孩被地主少爷——一个小军阀凌辱之后，卖给了帝国主义洋行当佣人，而帝国主义分子又要凌辱她。小姑娘气愤之极，手持菜刀，砍死了帝国主义分子，又回来找到那个小军阀，一刀砍得他狗头淋血。小姑娘怒斥道：“我中华就坏在你们这帮卖国贼手中，贪赃枉法，卖国卖民，丧权辱国，害得民不聊生。正告你们，多行不义必自毙，人人伐得，个个诛得。我今天就杀了你这个狗贼！”说得字字是仇，声声是泪，句句是愤。台下人听得鸦雀无声。等他说完，顿时爆发出一片“打倒军阀杀洋贼”的怒吼。

表演中还有一首《爱国歌》，是刘志丹写的。歌词是这样的：“黄河两岸，长城内外，炎黄子孙再也不能等待。挽弓持戈，驰骋疆场。快！内除国贼，外抗强权，救我中华万万年！”

榆林紧临内蒙古乌审旗，常有蒙古族同胞来往。刘志丹眼见蒙古族同胞身受更残酷的压迫，比汉族还要穷困落后，深表同情。他组织同学到内蒙古地区作社会调查，还亲自编了一首歌，向蒙古族同胞宣传。歌词是这样的：“同种兄弟心相连，军阀列强内外患，汉蒙携手斗凶顽，灭敌除奸争人权。”蒙古族同胞听了很感动，说他们第一次听到这样亲切的声音。

榆林中学有个惯例，每逢高班学生毕业，全校同学都要到城北十里的红石山——这个榆林仅有的风景区去联欢。红石山因全是红石而得名。山上蜿蜒着万里长城，烽墩相连。突然红石山被奔腾的榆溪河劈断，飞来了一个长达一公里的红石峡。两边悬崖绝壁，中间是飞瀑急湍。峡东是海拔一千多米的镇北台，拾阶而上，陕甘黄土高原尽收眼中。滚滚黄沙如波似涛。从沙漠中流来的榆溪河，凶猛地冲入千层万堑的黄土高原之中。当人们身临这雄伟的峡谷时，哪一个能不心胸激荡，壮志满怀。刻在石峡上的杜斌丞校长手书的“力挽狂澜”四个大字，特别使同学们感慨万端。刘志丹总是代表学生会向毕业同学讲话。他常说：“救国，就靠我们青年力挽狂澜。读书要爱国，爱国更要多读书。有了本领，就有了救国的资本。”对考的不好的同学他十分关切，鼓励他们不要灰心丧气，努力赶上。他总是语重心长地说：“学习要有理想，有了理想，就能发奋读书。我们读书，就是为了救国。没有这个理想，就不会有志气。”

（四）

1923 年，在中国共产党的领导下，爆发了平汉路工人“二七”大罢工，掀起了我国有史以来第一次工人反帝反封建的革命高潮。也就在这一年，共产党倡导建立反帝反封建的统一战线。1924 年 1 月，孙中山在广州主持召开了国民党第一次全国代表大会，决定实行国共合作。分散在陕西各地的共产党员，也积极开展建党工作。魏野畴早在 1921 年就和董必武从武汉派回来的共产党员王尚德、王章峰、张浩如等取得了联系，后来在西安会合了。他们分别在榆林、华县、三原、绥德等地发展党员。魏野畴在西安主持办起了《共进》半月刊，成立了共进社，团结教育进步青年。接着又成立了群众性的统一战线组织——陕西国民议会运动委员会，魏野畴担任主席。发动了声势浩大的反军阀斗争。李子洲到绥德师范任校长以后，立即在绥德建立了党支部。

1924年秋，党在榆林中学建立了社会主义青年团支部。刘志丹是学校第一批接收的团员，并担任了团支部委员。1925年春，又成立了党支部，刘志丹又是第一批转为共产党员，并担任了党支部委员。22岁的刘志丹入党以后，树立了对共产主义的坚强信念，起誓对党忠心耿耿。他对入团入党的同学说："我们加入了SY（社会主义青年团），或者加入了CP（共产党），就要为自己的信仰奋斗到底。作为个人来说，奋斗到底就是奋斗到死。"从此他更加勤奋学习，在党的领导下，加紧进行革命的宣传和组织工作。8月，成立了中共西安地委，全省已有党员近200人。

为了抗议日本帝国主义的侵略，党在榆林发起了抵制日货运动。刘志丹带领同学走上街头，游行示威，挨家挨户进行宣传。当他讲到中国被列强瓜分，国耻不断，面临亡国之痛时，人们不禁流出了眼泪。

为了使党的思想在工农中扎根，他和同学们组织了一个业余平民学校，吸收贫苦工农子弟学文化，由党员义务教书。但是学校个别纨绔子弟却从中捣乱，说："让穷鬼们熏臭了教室。"有一次，他们正骂前来上课的穷孩子，被刘志丹碰上了。他两条浓眉一紧，怒斥道："大粪臭不臭?！你吃的粮食就是穷人用大粪浇出来的！没有他们，你们这些少爷、小姐都得喝西北风！你们肩不能挑，手不能提，只会仗势欺人，你们的心才是最臭的！今后再不规矩，就要你们尝尝穷人的厉害！"

1925年4月，陕西学生在党的领导下，开展了驱逐北洋军阀、陕西督办吴新田的运动。吴新田狗急跳墙，出动军警在西安打伤了50多个游行示威的学生。榆林中学学生会立即进行了声援。早已把学生运动看成眼中钉的榆林镇守使、军阀井岳秀，这次竟以“犯上作乱”的罪名，勒令学生会停止活动，企图逮捕刘志丹等。刘志丹毫不畏惧，同井岳秀进行了针锋相对的斗争，提出了“反对军阀干涉教育”的斗争口号，团结了全校师生，斗争更扩大了。井岳秀恼羞成怒，竟派兵包围了榆林中学，要搜查“闹事者”。刘志丹立即组织学生关闭校门，在学校周围站岗放哨，不许士兵进入。榆林各界爱国人士，听说军队包围了学校，都表示强烈不满。许多从远路来的学生家长也参加斗争，里应外合和军阀斗。刘志丹并向西安、北京、上海等地学生会求援。井岳秀一看事情越闹越大，再蛮干下去自己的臭名声会越扬越远，会把他装扮的一点民主假象全部撕光，不得不撤去了军队。但学生仍不答应，要求开除特务学生。井岳秀也不得不答应了。最使人开心的是连他的儿子井文龙也不得不退出了榆林中学。

（五）

5月，为了统一全省的学生运动，党组织决定由魏野畴主持，在三原县召开陕西省第一届学生会联合会代表大会。刘志丹作为陕北的学生代表，接到了出席这次会议的通知。

能出席这样的盛会，刘志丹很高兴，同学们也高兴。但高兴之余，大家的眉宇间又隐隐有一股愁意。这是因为，从榆林到三原，距离有1600多里，要走十几天。一来一回加上开会的时间，少说也得40多天，经费该怎么办呢？同学们纷纷自摸口袋，总共凑了七八块钱。可这七八块钱哪够啊，最少也得二十多块才行。大家七言八语，但都无可奈何。刘志丹笑着收下这些钱，说：“大家放心，我自有办法。”当天下午，刘志丹笑眯眯地牵着一头驴走进了学校。同学们很奇怪：牵驴干什么呢？刘志丹指着这头驴说：“有了它，就有了去三原开会的盘缠了。”

原来，在当时的陕北，交通非常不发达，驴是最主要的交通工具。一般人从关中、西安来往榆林，只能安步当车。囊中稍微宽裕一点的，就雇一个“赶脚”的，赶着驴为其载货。“赶脚”实在是又累又苦，每天除了要和客人一起长途跋涉外，还要早起晚睡，喂驴、收拾鞍具，晚上还要起来喂一次牲口。倘若天黑时遇不到村店，就只能在荒郊野地露宿。受这份苦的赶脚人，其处镜未必及得上驴。苦虽苦，但毕竟可以挣几个脚费。刘志丹现在缺的就是钱，苦对他来说算不了什么，所以他才想出这么个主意：为西安、关中商人赶脚。

到了出发的日子，刘志丹赶起毛驴，载着商人的货物，艰难地上路了。这两个商人是势利眼，自以为花钱雇来一个“赶脚”人，便可以随意使唤，于是便对刘志丹颐指气使，毫不客气。开始时，两个人自顾高谈阔论，装出一副无所不知的样子，并不与刘志丹交谈。刘志丹对此只是淡淡地一笑，不急不恼。他眼光何其敏锐，早看出这两个商人虽然一起做买卖，性情却并不十分相投，过不了多久便会话不投机。果然，只片刻工夫，正在海阔天空谈天说地的两个商人便争执起来。一个说孙中山是广东人，一个说孙中山是北京人。两人各不相让，争起来没完。刘志丹见此情景，便开口圆场。两个商人刚才谁也不爱理刘志丹，现在却急于寻找“同盟军”，都请刘志丹支持自己的观点。刘志丹读了许多书，对时事和历史了如指掌，便不紧不慢地给两个商人讲起孙中山如何出生在广东，在国内外奔波一生，最后又逝世于北京。他讲“孙黄”，讲黄花岗，也讲武昌起义、二次革命。两个商人听得如痴如醉，都睁大了眼睛，用狐疑的目光打量眼前这个谈吐不凡的“赶脚”人。当刘志丹说出自己“赶脚”的原因后，两个商人才恍然大悟。他们再也不敢怠慢这个年轻人了。一路上，他们不停地向刘志丹问这问那，越问越觉得刘志丹学问太大。到后来，两个商人都觉得以刘志丹的才学，将来的前途肯定不可限量，说不定还能当上县长省长。他们后来干脆让刘志丹只管自己走路，喂驴装货的事全都由他们自己来负责。就这样，头顶烈日，脚踏黄土，经过半个多月的艰苦跋涉，刘志丹和两个商人到达了目的地。两个商人坚持付给了刘志丹双倍的“脚费”，千叮咛万嘱咐，要刘志丹在发迹之后切不可忘了他们。好半天，两个商人才一步三回头地走了。

到三原后，刘志丹参加了学联代表大会。会上，刘志丹见到了分别两年多的魏野畴老师。他拉着魏野畴的手，亲切地说：“魏老师，您真是我们学生的好司令，把全省学生都组织起来啦。您像种子，走在哪就在哪生根，发芽，开花。您离开榆林，可真叫人想呀！”

魏野畴摇着头说：“有你在榆林，我很放心。”

在这次大会上也是有斗争的。个别代表不主张学生参加与学习没有关系的政治活动，使学生运动只限制在为改善教育条件而斗争就行了。刘志丹对这种错误主张，在会上作了批驳。他以切肤之痛，陈述了军阀和地主对陕北人民的残酷压迫和剥削。他说：“军阀的税款多如牛毛，连死了人也要上税，杀鸡还要交捐，谁敢反抗，不是抓走，就是枪杀。老百姓一到春天，就揭不开锅。四处逃散，死活不保。像这样下去，不要说‘改善教育条件’，恐怕连学校也要关门了。我们必须和军阀作殊死的斗争，否则就不能生存。”接着，他介绍了榆林学生和军阀井岳秀斗争的经验。当他讲到榆林中学学生团结战斗，把井岳秀的大少爷——学生特务头子也赶走了时，引起了哄堂大笑和热烈的掌声。

会议快结束时，突然得知上海日本纺纱厂的资本家镇压工人，枪杀了工人顾正红，酿成了“五卅”惨案。代表们十分气愤，当即组织了游行示威。三原的学生代表学习榆林学生的经验，把三原县工商各界爱国群众也发动了起来。从城镇到乡村，到处都出现了游行示威的洪流。怒吼声响彻了关中平原。

早期从榆林中学毕业的谢子长，这时正在北京、山西一带进行革命活动。不断向陕西同学写信介绍那儿斗争的经验。

在这次会议前后，陕西各地出现了习仲勋、王世泰、马文瑞、汪锋等一批学生运动的带头人物。

魏野畴还把刘志丹带到西安，要他向西安的学生讲述自己的斗争经验。

南靠秦岭，北依渭水，坐落在八百里秦川大平原上的古城西安，出现在刘志丹眼前时，那雄伟的城楼和城墙，那高耸入云的钟鼓楼和雁塔，不由得把他引入到很古很古的过去。他自言自语地说：“我们的祖先是多么勤劳、智慧和精巧。”但是城内狭长的街道上，却走着一辆辆老牛破车，不时有闲散的公子哥儿提着鸟笼，哼着小调走过。这是多么的不合时代！地球在这里好像是放慢了它的旋转速度。刘志丹想：“难道不是已经到了应该很快结束这种现象的时候了吗！”魏野畴好像看出了他的心思，说：“你在这里多看一看，就知道我们祖国是一个沉睡着的巨人。”刘志丹说：“是呀，现在不但应该醒来，而且应该加快革命步伐。”

过了两天，魏野畴突然通知刘志丹，党决定派他去广州黄埔军校学习。向他详细说道：“接到党中央的指示，要陕西派一批党员同志，去黄埔学军事。黄埔军校是国共合作的产物，各地党组织已经选派了一些同志去学习。我们商量了一下，榆林准备选你和杨国栋同学，你愿意去吗？”

刘志丹一听高兴极了，上前紧握着魏老师的手说：“我愿意，这是多么难得的机会呀!”魏野畴说:“杨国栋同学,他有热情。他的家境比你还好,你们去经济上不会发生问题。”刘志丹说:“国栋也一定愿意去,我回去给他说。”

魏野畴接着说:“我党的著名活动家周恩来同志是黄埔军校的政治部主任,还有一些教官也是共产党员。有他们在那儿,你们去了一定会学下不少东西。”然后,若有所思地继续说:“这可是投笔从戎,你可要考虑周到。”

刘志丹认真回答说:“古话说,‘虽有文事,必有武备’,对付军阀,没有军队怎么行?我服从党的决定,今后就当一个革命军人。”

魏野畴这才感叹地说:“按你的性格和爱好,应该是一个艺术家,或者是一个学者。可是革命现在需要的是军人。”

刘志丹说:“作军人不是也很好吗!”

魏野畴说:“是呀!革命需要干啥啥就好,正是一个共产党员应该有的态度。你这次回去,先把会议决定传达下去,再把工作交待清楚,好好和杨国栋同学谈谈,去了好好学习。”

刘志丹说:“魏老师,你放心,我一定办到。”

刘志丹离开西安回陕北时,正是五黄六月。这时,关中平原上的农民正在紧张而繁忙地收割着小麦。刘志丹走出西安古城,只见遍地金黄,到处是割麦的“嚓——”“嚓——”响声。本来农民对收获,总是会怀着喜悦的心情,但是现在,在他们流满汗水的脸上,却看不出一点喜悦,反而是沉默和怨愤。因为军阀吴新田不但对农民运动进行了残酷镇压,而且成倍地加重了粮款。当农民想到收获的大半将被抢走,而自己反而会饿着肚子时,怎能不痛恨万分呢!

刘志丹深深地同情农民。他知道,这遍地被压抑着的愤怒,终有一天会像火山一样爆发出来。他默默地念着一句古话："水可以载舟，亦可以覆舟。"

一路上，信天游的歌声一直回响在他的耳畔：

农民苦，农民难，
一年四季不得闲；
农民苦，农民难，
粮食叫官府全收完……

整顿“马家军”

（一）

刘志丹是在陕北长大的，过惯了黄土高原的生活，从未到南方去过。他辗转来到上海，然后乘船去广州。一路上风险浪恶，他晕得一塌糊涂，呕吐不止，脸都泛青了。好不容易到达广州，进入黄埔，又因水土不服，得了重病，几天几夜昏迷不醒，滴水未进。这天，医生量了量他的脉搏，听了听他的心脏，诊断他的心脏已经停止了跳动，摇摇头，摊摊手，让人把他送到太平间去。在送往太平间的路上，由于床铺颠簸，他从昏迷中惊醒，不由得哼了一声。这才幸免于难，重新被送往病房抢救。凭着坚强的意志，在同伴的精心照护下，刘志丹终于战胜了死神的威胁，从病床上走下来，走到教室，走到了练兵场。

刘志丹被编在黄埔军校第四期炮兵科。他听课、训练都很认真，害了疟疾也不耽误学习。同学们劝他休息，他说：“机会难得呀，得珍惜。失去时间就是失去知识。”听了政治部主任周恩来的报告后，他下来对同学们说：“我觉得他是个伟人。能遇到他，太幸运了！”在学校，刘志丹得到了恽代英、萧楚女、王懋廷等老党员的热情教育，感到受益匪浅。同时，他与陈赓、唐澍等同学经常在一起切磋学问，砥砺道义，彼此关系融洽，亲密无间。

1926年7月9日，刘志丹参加了广州东校场的国民革命军北伐誓师大会。会后，他带领两个连队随东路军东征，一路摧枯拉朽，连连奏捷。东路军打到江西吉安，刘志丹忽然接到命令，要他立即赶回广州。赶到广州后，才知新的战斗任务在等着他。原来是在苏联考察三个月的冯玉祥已经回国，表示将配合国民革命军进行北伐，向广州国民政府要干部。现冯部国民军正集结在内蒙、陕、甘边界一带，广州方面考虑到刘志丹是陕北人，熟悉那一带情况，决定派他立即去冯玉祥部工作。

（二）

刘志丹不顾征程劳累，带着十几名黄埔军校毕业生，风雨兼程，紧急北上。赶到绥远的五原时，正是9月17日，冯玉祥在这天誓师出兵援陕，进行北伐。刘志丹征尘未洗，又马不停蹄地随总部一路南下，驰援西安。在三原国民军联军驻陕总部，他欣喜地见到了魏野畴老师，魏野畴一身戎装，眼下是驻陕总部政治部主任。刘伯坚、陈延年、方仲如、王一飞、邓希贤（小平）、宣侠父等共产党人，这时也都在冯玉祥部帮助工作。

时值隆冬，驻豫西的镇嵩军头子刘镇华奉吴佩孚之命，以十万嵩匪，准备对弹尽粮绝的西安守军发动最后的进攻。这时，冯玉祥已经从固原到了陕西三原，准备与刘镇华交战，解西安之围。然而在此紧急之际，国民联军第四路军马鸿逵部却蛰居宁夏，迟迟不肯发兵。冯玉祥几次电催驰援，马鸿逵都按兵不动。

西安城内连连告急，军情十分紧迫。

此时，刘志丹担当了一次涉及整个陕西战局的大任：国民联军总部调刘志丹速赴宁夏，督促马鸿逵立即发兵西安。临行前，冯玉祥亲自为刘志丹饯行，并任命刘志丹为他的少将特使，以国民军联军总部名义，整顿马鸿逵第四路军。

马鸿逵原是吴佩孚手下的一个军长，后见吴佩孚的大势已去，就倒戈冯玉祥。冯玉祥带兵开往西安前线后，他却又暗中和吴佩孚勾结，且按兵不动。当他听说冯玉祥派特使来督促他出兵西安，就放出口风：要将来使军前斩首示众，以安军心。

刘志丹就是在这种情况下，毫无畏惧地催马向马鸿逵所在地固原驰去。

他一人一骑在茫茫无际的黄土高原上急急前行，马后一溜长长的尘土腾空而起。黄土路上极少行人，天似穹隆，四野苍凉，令刘志丹颇生感慨。他想，当年关云长单刀赴会，处镜大约也不过如此。想到马鸿逵扬言要杀他，刘志丹的嘴角上浮现出一丝冷笑。他知道，马鸿逵现在正脚踏两只船，在形势没有明朗化之前，是决不敢杀他得罪冯玉祥的。之所以威胁他，不过是想拖延一点时间，多观望几天罢了。用这种雕虫小技对付自己，刘志丹深感轻蔑。

途中，刘志丹恰好碰上了马鸿逵派去给吴佩孚送信的一个连长。刘志丹看了马鸿逵写给吴佩孚的密信，笑一笑，对那个连长说：“烦你先趱回去给马司令报个信，就说冯总司令派的人来了。”

连长唯唯诺诺，不知如何是好。

刘志丹沉下脸来：“快去！你再告诉马司令，像他这样背信弃义的人，是不会有好结果的。眼下，吴佩孚已经日落西山，国民革命成功在即，让他不要不识时务。”

连长嗫嚅道：“敢问长官尊姓大名？”

刘志丹用不高的声音说："国民军联军少将特使刘景桂。"

连长露出惊色："哦，久闻大名，久闻大名……"

连长说罢，赶忙朝来路窜去。

马鸿逵早闻刘志丹大名，闻报后不敢怠慢，赶紧率领亲信前去迎接。将刘志丹迎到司令部，盛宴招待，竭力讨好，对那封给吴佩孚的信百般解释。刘志丹对那封信并未多加评论，只是分析当前国内形势，宣传北伐意义，介绍西安前线战况。刘志丹谈吐文雅，学识渊博，行伍出身的马鸿逵对这个黄埔四期生更加不敢小看，当即答应一切唯冯大帅马首是瞻，加紧整顿后立即出兵援陕。并在席间恳请刘志丹对其第四路军进行训导，以便随冯大帅出师参战。

恰在此时，国民军联军总部给马鸿逵部来电，任命刘志丹为第四路军党代表兼政治处长。刘志丹开始名正言顺地改造起这支旧军队。

马鸿逵的部队长期以来，受的是封建家长制的管理，封闭、落后、愚昧，但作战勇敢。冯玉祥经由宁夏入甘时，沿途迎送的竟然是穿着废清官服的地方官吏和兵勇，检阅马鸿逵的军队时，冯玉祥按照在国民军的习惯，问部队："你们是为谁当兵的?"部队答："为马大帅当兵!"冯玉祥又问："你们是谁的军队?"部队答："是马大帅的军队!"冯玉祥啼笑皆非。

在短时间内改造这样一支素质低劣的队伍，使之脱胎换骨，刘志丹肩上的担子不轻。

刘志丹在征得马鸿逵同意后，在营以上军事单位都设立了政治机构，配备专职政治干部，建立政治工作制度，反对打骂士兵，废除对逃兵割耳朵、打军棍、揭背花等酷刑。还深入到回族士兵和下级军管中宣讲革命道理。士兵大都是穷苦人出身，刘志丹的话很容易就灌输到脑子里去了。很快，他的周围就团结起了一批初具革命思想的士兵和军官，为改造这支旧军队奠定了基础。

一天，马鸿逵的表弟抢老百姓的东西，被刘志丹当场抓住，关了 10 天禁闭。这一下起到了威慑作用，过去军纪败坏的人再也不敢胡作非为了。

在极短的时间里，经刘志丹整训的马鸿逵第四路军，战斗力大大提高，在西安解围中攻城南，立了大功，受到冯玉祥的嘉奖。西安解围后，这支倾注着共产党人心血的军队又在出兵北伐、会师中原的战斗中建立了新的功勋。

自那时起，在冯玉祥眼中，刘志丹成了一位能担当大任的青年。

（三）

在和冯玉祥合作期间，陕西共产党人在社会上的影响力越来越强大。

1927 年 1 月，中共中央根据中共北方区党委的建议，决定成立陕甘区党委，任命耿炳光为书记，负责领导陕西、甘肃两省党的工作。3 月 14 日至 17 日，中共陕甘区第一次代表大会在西安中山学院召开，选举出陕甘区党委，制定了工作计划。短短几个月时间，陕西党的建设有了很大发展。到 5 月份，党的地方委员会由 3 个发展到 7 个，特别支部由 9 个发展到 41 个，党员人数由 1926 年年底的 388 人增加到 2177 人。在军队中，除中共中央和北方区委曾向原国民军第一军派出 180 多名党员在部队从事政治工作外，在国民军联军驻陕总司令部所属的军队中，如陕北的石谦旅、关中的甄寿珊、杨虎城部，都建立了党的组织，特别是史可轩领导的联军驻陕总政治部保卫队一千多人中，有共产党员近百人，中山军事学校教职员和学员中，也有不少共产党员。

在共产党的领导下，陕西的农民运动进入了全盛的时期。至 6

月，全省有农民协会的县50个，有区农协179个，村农协3828个，会员41万，农民自卫武装在10万以上。

恰在此时，冯玉祥向帮助过他的共产党人翻了脸。

其实，早在出师潼关前夕，在军阀混乱中摔打出来的冯玉祥就对日益发展的共产党力量有了戒心。

蒋介石、冯玉祥徐州会谈之后，冯玉祥反共不再遮遮掩掩。他配合蒋介石的“四·一二”大屠杀，把国民军联军中的苏联顾问和著名共产党员“礼送出境”，拉开了大规模“清党”的大幕。

陕西的革命形势急转直下。白色恐怖首先笼罩了西安城。

中共陕西区委宣告撤销，陕西省委秘密成立。

1927年10月12日，刘志丹被追随蒋介石反共的冯玉祥实行“清党”，与200多名共产党员一起在豫陕被押送出境。据说这个叫“礼送出境”的内幕，并不是真正的宽容，实则是冯玉祥想借湖北军阀之手杀了刘志丹等人，所以才把他们从武威用一列闷罐子车送往湖北。然而，天王有眼，神灵相助。火车途经一个小站时，随着天空一声炸雷，顿时乌云翻滚，倾盆大雨瓢泼而下，小火车身患“暴病”，戛然瘫痪。在那血腥恐怖的时期，人心阴冷之极，突然间被响雷炸醒，车站上人喊枪鸣，狼烟四起。刘志丹等人赶快四下出逃。有人说他是钻爬在火车底下挤出身体的；也有人推测他是趁人乱马翻时，脱去外衣溜出的；甚至人们带有感情色彩地企盼，老刘一生最爱人民，是除去衣帽搀扶一位大娘提着包袱出站的。不管是传说也好，推测也罢，刘志丹命大逃过了这次劫难。

（四）

中共陕西省委书记耿炳光急于知道中央对于陕西工作的态度。1927年10月，刘志丹刚从湖北逃回西安，耿炳光就派刘志丹去中央请示，并领取经费和文件。11 月初，刘志丹赶到上海时，中央正在准备召开临时政治局扩大会议。中共领导同志匆匆听取了刘志丹的汇报后，于6 日将致陕西省委的第七号公函交给了刘志丹。

那是一份措辞严厉的文件。

省委书记耿炳光在昏暗的灯光下，曾反复推敲过那文件中的一字一句：

……农民之要求从地主封建军阀豪绅的铁蹄下解放出来，是无可疑意的。可惜过去因为党的机会主义没有去领导农民斗争，所以过去农村中的阶级冲突尚不十分明显而剧烈，目前你们应马上注意到尽可能的发动农民暴动，从抗捐、抗租、抗粮的口号之下，引导农民群众发展到一个广大的农民暴动，大杀豪绅地主，没收地主阶级的土地交给农民，实行耕者有其田，实行一切乡村政权交给农民协会，一直到推翻整个的反动统治拿到政权……

……过去我们的党从中央一直到支部整个的机会主义化，实在不能担负中共目前的重大任务，因此改造各级（即支部也应改组）党部是全国党部的重要工作……对于工作不积极观点不正确的人，要坚决的取消其领导地位，甚至清除出党，提拔在斗争中表现得积极的分子——特别是贫农分子来参加党和群众中的领导工作……

我们坚决的认为：谁能站在土地革命的浪潮中，谁便是革命的同志。陕西省委不但本身，而且要向一般同志纠正对于（右任）的幻想，指出我们的出路不是在于右任身上找，而是在领导工农贫民实行暴动夺取政权中找……

中央特训令陕西省委于接此信后，马上作一各种工作的详细的报告和工作计划交来中央讨论以便指示，如再不交报告，中央则停止发给经费。请勿忽视！

刘志丹带回中央指示，已是11 月中旬。无论是刘志丹还是远在西安等着消息的耿炳光，都不清楚上海中央临时政治局正在发生着一个大事件——就在刘志丹离开上海的第二天，也就是11月9日，中共中央临时政治局扩大会议通过了《中国现状与共产党的任务决议案》等文件。在这些文件里，强调批判了陈独秀的右倾错误和弥漫在党内的悲观情绪，提出了发动农民，组织工农革命军，开展游击战争，建立农村革命根据地等正确主张。但是，会议同时还发展了“八七”会议以来在党内滋长的“左”倾情绪，提出了许多错误的理论观点，特别是否认大革命失败后革命形势已处于低潮，错误地认为革命“无疑的是在高涨”，“全中国的状况是直接革命的形势”，不去组织革命力量实行有秩序的退却，而是一味主张实行盲目的进攻，主张农村暴动，城市暴动，工农联合暴动，“直到造成一省或几省的革命胜利的局面”。

陕西的革命斗争，自然不能不受到中共精神的影响——无论是正面，还是负面。

农奴戟，英雄血

（一）

1928年，古城西安。

魏野畴和李子洲在门口眺望着，借路灯这才看见八仙庵外街道上的一棵大树下，摆着一个卖吃喝的小摊。摊主不时地叫喊："凉粉，醪糟。"——一身农民装束，头上扎了一条白毛巾的谢子长正坐在小凳上喝醪糟。老远看见魏野畴和李子洲过来，忙放下碗。

"魏老师，李老师，你们好！"

"你好！"

魏野畴、李子洲示意到僻静处去说话。他们绕过八仙庵，来到护城河边，沿河漫步，边走边谈。

"自蒋介石叛变革命后，冯玉祥也迅速转向。他的部将宋哲元在陕西制造了更加森严的白色恐怖，他们出动法西斯组织'铲共团'和大批密探，到处侦察破坏我党团组织，捕杀共产党员和革命群众。为了与国民党的反革命镇压进行针锋相对的斗争，中共陕西省委发动一部分学生和农民，打死了捣毁我区党委所在地——宣化观小学的反动豪绅刘铭初，打伤乐育小学反动校长田宝丰。这一斗争，打击了反动派的反革命气焰，鼓舞了群众的革命斗争。”

“太好了！”没等魏野畴把话讲完，谢子长就挥着拳头欢呼。

“这一下国民党反动派恼羞成怒，更疯狂镇压该地区的革命运动了。”李子洲见四周没啥动静，接着说道：“他们先后封闭了渭南县中学和渭南关东小学等我党活动据点，抓走党团员和革命群众40多人，收缴了我党所掌握的高塘自卫团的武装，并企图进一步消灭我党在渭华地区的党团组织。面对敌人的反扑，省委决定进一步发动农民群众，在陕东举行武装起义，建立陕东工农民主政权……”

正说着，突然间，从草丛里跳出4个特务，掏出短枪，推弹上膛，逼住他们，厉声命令：

“不许动！”

谢子长从衣服底下拔枪反抗。一个大个子从背后抱住了他，下了他的枪。魏野畴和李子洲也被其他人抱住。这时，特务头子赵志俭从草丛中站立起来，狡猾地笑着说：“看你们今天到底有多大能耐。走，押上走！”

特务们趾高气扬地押着三个人向前走去……

正巧，一位中等个，白净英俊的青年军官，带着10多个副官、马弁，迎面走来。看见特务押着三个人，那军官先是一惊，继而稳住了神，拦住质问：“为啥抓人？”

赵志俭上前敬礼，立正报告：“报告长官，这三个家伙，都是共产党要犯，小的亲眼看见，他们企图谋反……”

没等赵志俭说完，那军官走上前来，接连抽了他几个嘴巴，厉声斥道：“混蛋！你没有证据，当众造谣，诬陷好人，制造混乱。上！”

十几个副官、马弁一拥而上，缴了特务的枪。

赵志俭连忙跪倒，苦苦哀求：“长官，你看看，我们是省党部宋书记长亲自派来的。”说着，双手递上特务的“派司”。

那军官看也不看，说：“你们这些土匪，我见多了。”说着，又对他的副官、马弁们说：“曹副官，你带人把他们押到前边，仔细审查，就地处理。”

特务们忙跪倒求饶：“长官饶命！”“小的们有眼无珠……”

副官押着特务们走后，那军官又对马弁说：“将他们押进城内，我要亲自审理。”

两个马弁押着魏野畴他们向前走，拐过了城角，来到僻静处，见四下无人，军官忙走上前来，解开绳索：“魏老师，李老师，委屈你们了。”

魏野畴，李子洲迎上前来，拉着军官的手说：“今天多亏你呀！”

谢子长也拱手说：“老同学，你在黄埔军校毕业了？没想到，在这儿见面！”

这位英俊的军官就是刘志丹，当年井岳秀曾用200块大洋买过他的人头。

刘志丹握着谢子长的手，说：“是啊，我们能在这里见面也是蒋介石、汪精卫逼出来的！黄埔毕业，参加北伐，分在冯玉祥部下，今来西安执行公务，有幸古城相会。”接着，刘志丹又说道：“敌人已经动手了，你们赶快离开这里，注意隐蔽。”于是，他们便分头走了。

（二）

这是个阳光很好的日子，刘志丹依然是军官打扮，骑马出了西安，直奔洛南的三要司。

那里住着许权中旅。许旅是党费尽心血保存下来的一支革命武装，由国民联军驻陕总部政治保卫队和中山军事学院组成的。而这两个单位的各级领导人员大都由共产党员担任，是中国共产党在陕西掌握的唯一的军事力量。1927 年 7 月，冯玉祥将西安中山军事学校和驻陕总部政治保卫部合编，命令史可轩率领这支武装去河南“整训”，实际上是企图伺机消灭它。中共陕西省委当即决定，拒绝命令，不赴河南，由史可轩率部开赴陕北山区独立发展。7 月 14 日，史率部向渭北山区进发。7 月 29 日，盘踞富平县美原镇的地方军阀由生春将史可轩杀害。部队北进受挫后，退至临潼县康桥镇，由许权中回队统一指挥，暂属于国民党冯子明部。冯任命许权中任旅长，先后驻防临潼县关山镇、泾阳县云阳镇及三原、高陵等地。1927 年年底根据中共陕西省委指示精神，部队又南渡渭水向商洛山区进发。行至蓝田县许家庙，许权中采取断然措施，粉碎了冯子明策动的阴谋叛变活动，纯洁巩固了部队。后来，部队到达商洛后归属李虎臣部，李又委任许权中为旅长。全旅共有 1290 余人，1020 多支枪，有共产党员 50 多人。1928 年 1 月 17 日，部队移驻洛南寺坡、三要司。当冯玉祥转向后，反动派就千方百计想把这支部队调出潼关，并吞消灭。当时，冯玉祥对待自己收编的杂牌军，也是“大鱼吃小鱼”，各部之间互相猜疑倾轧，彼此钩心斗角。党就利用这个矛盾，“找主求生”，才得到合法的存在机会。

刚到村口，刘志丹下了马，一群穿军衣的跑来，又是敬礼，又是喊“刘教官”。他们都是许旅的青年军官，大部分是中山军政学校出来的，聆听过刘志丹的课。几个军官就领着刘志丹去旅部。走进街心，忽听风箱呼呼噜噜，铁锤叮当叮当响。军官们说：“这是兵工厂在干活。部队有 5 门迫击炮，就是没炮弹。农民们用土铁正给咱们造炮弹呢。”说着来到龙王庙，刘志丹看见院子里的工人正铸弹壳，沿墙根摆了一堆木柄手榴弹，屋里供桌上堆着迫击炮的成品。刘志丹问：“机器哪里来的?”几个人笑说：“哪有机器?杨书记出的主意，把个铁匠炉一改装，就成了工厂。”那位叫杨伟林的人是北京大学毕业生，大革命以前的老党员。西安解围后，在省政府管财务，如今是许旅的党委书记。可是平常，他只穿大褂，在部队出出进进，所以，大家都当他是旅长的“上宾”，只见他一撩长褂，不好意思地笑着：“找了几个老铁匠帮忙，自己瞎折腾，指点着就造起炮弹来了。”刘志丹一拍他肩膀：“杨伟林同志，你太不简单了，又能文，又能武。”

来到旅部，许权中旅长高兴地拉着刘志丹的手说：“景桂同志，可把你盼来了。”许权中30来岁，微黑冷峻，中等个头，韶关讲武堂的学生，在中山军事学校当过总队长。

刘志丹洗着脸问道：“听说队伍里出了叛徒，没受损失吧?”

杨伟林说：“多亏发现得早，先除了叛徒，才转移到这儿投了李虎臣的，现给了个新编第三旅的番号。”

许权中感叹道：“从离开西安后，投奔过两个军阀。真好比跟虎狼打交道，阴谋暗算，防不胜防。投李虎臣算是第三次了，还不知道怎么样哩?”

志丹一听，激动地说：“所以我们必须有自己的军队。中国共产党领导的政治上、军事上完全统一的自己的队伍。为了有自己的武装，大路只有一条，实行武装起义。”

（三）

5月8日，如洗的阳光温暖着大地。陕西省一个叫高塘镇的小山坡上举行着盛大的军民联欢大会，热烈庆祝西北工农革命军诞生。刘志丹任军委主席，唐澍任总司令，许权中任军事顾问。

刘志丹在会上热情洋溢地讲了话。群众热情很高，整个山镇沸腾了。街头、山沟、河滩之间，排满了整齐的军队，上好刺刀端着枪，一排排地走过来走过去。孩子们成群结队地跟着机枪营呼叫跳跃。

想起几个月来的工作，刘志丹感慨万分。

他刚来部队没几天，便开始整顿部队。首先肃清了部队内部的坏分子，撤换了那些不称职的指挥员。然后，发动群众，斗争了恶霸地主阮化生，公审了豪绅何豹子。在群众的要求下，这两个坏蛋当场被枪毙。搜集地主恶霸在山中的存粮，解决群众吃粮的问题，并给部队备足粮秣。这时，省委又把唐澍调来，使他更为欣喜。他们一起抓紧部队建设和练兵习武。一天到晚，刺杀声，打靶的枪声，报靶的红旗，爆破的雷鸣，各种声音交响在山谷里。大家嘴上不说，心里都明白，这是武装起义的前奏。只要省委一道命令，部队马上就会扛起红旗来。

就在这紧张的时刻，李虎臣却要部队去攻打潼关，消灭马鸿逵的队伍。原来，李虎臣发动反冯战争后，急令何毓斌去围攻西安，他怕冯玉祥回师陕西，所以，命许权中去进攻潼关，企图扼守这个要道，阻止冯玉祥。去不去呢？就像一道横坎卡在路当中。刘志丹和他的同志们犯难了：我们养兵蓄锐是为了起义，若是为地方军阀去争权夺利，岂不白流血汗。不出兵，又怕暴露了自己的意图，他们一时定不下决断来。

在一个月光如昼的夜晚，刘志丹和唐澍等人坐在窑洞外的空地上，眼望天空，数着天上星斗，又作彻夜商谈。

天亮了，曙光照耀着山河。刘志丹拍拍衣服上的尘土，向唐澍道："就这么定了！"

最后，他们终于决定不参加攻打潼关的战争，迅速起义，去渭华配合当地农民的武装斗争。并得到了省委的支持。他们真是心花怒放。为了不暴露起义意图，当晚便离开巡检司，向潼关方向前进。同时，派了雷天祥带一个营先去渭华（渭南、华县）。

部队拉出潼关，走了30多里路后，在南源以西的一个村庄里，宣布了起义。全军上下顿时欢腾若狂，大队人马蛟龙似虎直奔渭（南）华（县）。

（四）

到了高塘镇，见到了地方党的领导人，那人欣喜地说："你们来得正好，这里的农民，在党的领导下，已经起义了。如今正需要这样一支武装力量。"接着，他详细地向刘志丹他们介绍了这一带的情况。

听了这些情况，他们才知道这里的革命运动正闹得热火朝天。群众组织了陕东赤卫队，先后出击了大王村、算王村、王家崖等十几个重点据点。像疾风扫落叶一样，一两个晚上，渭南、华县一带的反动政权就被摧毁了，反革命武装和地主团、队被打垮了。各村庄成立了自卫队和苏维埃政府，下设军事、组织、宣传委员。部队正式编成5个大队，每队约200人左右，第一大队队长为赵松生，第二大队队长是威名赫赫的谢子长，第三、四、五大队分别由武培漠等担任队长，另外还有一个手枪队和一个骑兵队。

西北工农革命军成立的大会就像是在疾风中燃起了烈火。革命的火焰燃烧得更加旺盛了。

之后，工农革命军在华县高塘镇高塘小学设立了司令部。

五月中旬的一天，中共陕东特委、华县县委在高塘镇召开一万多人参加的军民联欢大会，庆祝军民联合暴动，当场枪毙了3个劣绅。

那枪声，是向旧秩序宣战的檄文……

会后，在高塘小学大门外的墙上，醒目地出现了一幅白纸黑字的文告：

西北工农革命军布告

土豪劣绅和财东　剥削穷人真是凶
加一放帐驴打滚　卖儿卖女还不清
如今穷人要翻身　大家团结来求生
西北工农革命军　他是咱的子弟兵
大家同心一齐干　铲除土豪和财东
贪官污吏都打倒　我们要做主人翁
建立苏维埃政权　才能过上好光景

西北工农革命军
军委主席　刘景桂
前敌总指挥　唐　澍
政治委员　刘继曾
中华民国十七年

“革命起来了！”这声音像春雷、像疾风，南从秦岭，北达陇海线，在那广约200平方公里的土地上滚动着。到处是沸腾的人群在进行斗争，打土豪的声势更为壮阔。

谁知新生活刚刚开始过了半个月光景，敌人就开始进攻了。消息一传来，正在田里锄地的农民，跑回家拿起了火枪；在山坡上砍柴的，放下扁担拿起了长柄斧……农民们纷纷武装起来，他们高呼着“保卫农民协会！”“保卫苏维埃政权！”的口号，奔向火线。

敌人一个旅，从渭南出发，顺着瓦塔至龙尾坡间的土坎，像笨猪一样，慢慢向前爬动着。他们刚到龙尾坡的南端，就遭到埋伏部队的突然袭击，丢下大片尸体逃了回去。

没过两天，敌人又发动了第二次进攻。这次竟把田金凯的一个师也调来了。东从崔家村，西到段家村的龙王庙，在两块大原上分了几段，成扇面形直向农军步步围攻。敌人每到一个村子就放起大火，大王庄、贺王庄全村都卷起了火焰。高塘以北，成为一片火海。

大家看到这种情形，个个气愤极了。其时，陕北还没有游击战的经验，只好拉开战线，硬碰硬地狙击敌人。这时，刘志丹派人送来命令，他知道农民们作战经验不足，硬上要吃亏的，便通知赤卫队随机应变，打强敌的空隙。只见大队长薛自爽一挥手，让大家趴下。过了一会儿，他又“冲呀！杀呀！”地叫喊起来。几里长的阵地上喊声、杀声，声声震天，此起彼伏。霎时间，敌人像遇到猛烈的虎狮和熊熊的炮火袭击，急忙转身往回跑。

刘志丹是一位善于抓住时机，结合实际情况对部队进行政治教育和鼓动工作的指挥员。第一次反击胜利后，他把赤卫队战士、干部集中起来，坐在司令部门前的地坪上，风趣地给大家讲起《水浒传》上李逵救母、力杀四虎的故事。唐澍便插话说：“在我们工农革命军中也有一个‘李逵’，他就是我们的赤卫队队长薛自爽同志。”刘志丹接着说：“对，薛自爽就是我们工农革命军中的‘李逵’，他回家探亲，被渭南县保安团包围了，他沉着勇敢地背着母亲冲出敌人包围，母亲因负伤过重牺牲了，他很快回到赤卫队……”大家对薛自爽报以热烈的掌声。

打退敌人二次进攻后，刘志丹又召集了军委会，分析敌我形势，他说：“我们虽然取得了两次胜利，但仍处于敌军四面包围之中，敌数十倍于我，加之冯、李言和，冯玉祥肯定会回师陕西，大军压境，我们与敌人硬拼，势必弹尽粮绝，全军覆灭。我们应立即作转移到陕北的准备，到那里建立革命根据地。”他还说：“如果情况太紧急，可向秦岭以南撤退，再谋新图。”

正如刘志丹所料，6 月 19 日，敌人又发动了第三次进攻。这次，敌人调动了一个军的兵力，其中有孙连仲的一个师，魏凤楼的一个师，还有一个炮兵师。逃到县里的大地主、大豪绅们像墙头上的草，一见风向倒了，赶快支援敌人，一块来了，他们成了敌军的急先锋和带路人。

当侧面敌人到了侯家崖时，薛自爽把胳膊一抡，喊了声：“赤卫队跟我来！”迅速把队伍带上去，占领了侯家崖村西的土坡，与敌人进行了顽强的抗击。经过几天几夜的残酷激战，他那号称 100 多勇士的赤卫队，仅仅剩下 10 来个人。

中午，许权中把骑兵队带来时，见到薛自爽已经是身体多处负伤，头上、胸部都绑满了白布条，脸也被硝烟炮火熏得漆黑，衣服破得到处露肉。但是，他那双黑眼睛奕奕有神，说什么也硬是不下火线。

许权中率领的骑兵队，一直坚持到天黑，击退了敌人三四次进攻。这时，刘志丹下令部队逐渐向秦岭以南撤退，相机而动。于是西路部队撤退到箭峪口，占领着山头掩护许权中骑兵队撤退。

敌人以强欺弱，见骑兵队向后撤退，又调动了所有的部队反扑。后撤部队与他们接上了火，战斗又到了白热化程度。

天黑下来，部队接到刘志丹指示，要东路队从街峪口，西路部队从箭峪口，一齐向南山转移。

部队撤至箭峪口时，一颗子弹从薛自爽胸部穿过，他跌倒在地上。人们忙去扶他，他瞪着两只大眼严厉地说；“我活不了了，枪不能让敌人拿走，给你们，你们快退，别再管我！”英勇牺牲了。

这时，一阵急催的马蹄声敲碎了夜的平静。省委交通员来报告，由于叛徒出卖，省委机关被破坏，省委书记李子洲等人被敌人逮捕，于6月18日壮烈牺牲。新省委和中央断了联系，要刘志丹立即去找中央。

夜深了，一股黑云压了过来，月儿退下去了。刘志丹的心里沉重极了。他点着根烟，一边沉思着，来到谢子长处。两人一夜未合一眼。商议、交待、告别……临走，刘志丹说："宋哲元指挥的这次进攻虽然退了，估计李虎臣还会来。这南山终不是久留之地，如有机会还是要分散向陕北转移。"

谢子长会心地点点头。

第二天中午，又一个沉痛得令人窒息的消息传来：威震西北的重要领导人、刘志丹的黄埔校友唐澍壮烈牺牲了。敌人将他的尸体大卸八块，掷于荒郊，将他的头颅割下来，悬挂于洛南县西门，曝晒十日示众。

刘志丹骑在马上，豆大的泪珠再也控制不住地滚动下来……

（五）

刘志丹穿过两岔河的镇街，来到一座临时安顿着伤病员的院子里。

见到刘志丹，能够挪动的伤病员一齐围了上来。

"刘主席，总司令（指唐澍）牺牲了是真的吗？"一个满脸稚气的战士问，他的胳膊上缠着绷带。

"是的，他在保安牺牲了。"刘志丹点点头，沉痛地说。

"总司令带去的人都牺牲了吗？"胳膊上缠着绷带的战士又问。

刘志丹又点了点头。

小战士默默地走了。

刘志丹看见那个小伤兵找了个避太阳的屋角坐下，轻轻抽泣起来。

刘志丹走过去，在他身边蹲下，问："哪里人?"

"高塘东原上的。"

"多大了?"

"十四了。"

"这么小离开家来打仗，爹妈能放心?"刘志丹问。

"爹妈都死了。"小伤兵说，"前年夏天死的，得上了一种怪病，前后不到一个月，都走了。"

"再没有亲人了?"

"还有一个哥。"伤兵说着，抬起泪汪汪的眼睛，看着刘志丹，"在李大德的赤卫队里，跟着总司令去保安了……"说着，两行眼泪又从那双清澈的眼睛里流了出来。

刘志丹全明白了，把小伤兵紧紧地搂在了怀里，咬着牙说："你哥不会白死，你的血不会白流，记着，富人不会总富，咱穷人也不会总穷，今天失败了咱等着明天，明天失败了，还有后天，只要咱不放下枪杆子，咱穷人就一定能够坐江山。"

刘志丹的一番话立即把院子里的沉闷打破了。

"苏维埃万岁"的口号声响彻了天空。

等口号声静下去后，他指着和自己一起来的总部经理主任王庆兰，对医生张归仁说："现在一共有多少个伤病员，都有什么病，哪个部位负的伤。行动时需要多少担架多少滑竿，都要统计清楚，向经理主任报告。"

刘志丹的话刚一落地，就引来了一阵议论声："要转移了?""往哪里去?"

刘志丹没有回答，吩咐经理主任分给重伤员每人 10 元钱，轻伤员每人5元钱，然后转过身，走出了院子。

是的，转移，往哪里去呢？

刘志丹满腹惆怅。

就在这天晚上，陕东特委书记刘继曾来到了两岔河工农革命军司令部。他是在田金凯骑兵向渭华起义中心区发动第二次围攻后，从高塘去西安向省委汇报工作的。在他向省委汇报工作期间，宋哲元对渭华地区进行了第三次大规模进攻。他从西安返回临潼后，带了一个交通，化装进入两岔河。

刘继曾不期而至，使刘志丹喜出望外，两人促膝长谈了一夜。

刘继曾从西安出来时，省委还不知渭华兵败的消息，他还被省委任命为工农革命军党代表。来到两岔河后，才知近期发生的一切，带来的指示都已不再适用。刘继曾、刘志丹商量后，认为当前最主要的问题是如何保留起义剩下的力量。经过一夜研究，决定工农革命军应立即离开两岔河，设法向已在蓝田的许权中靠拢。

翌日晨，刘继曾、刘志丹率领仅剩的二三百人，顺着秦岭里的山路，进入蓝田。行至坝龙庙时，被蓝渭八保总长、土匪头子李林荣挡住了去路，不许通过。李林荣当地人称土皇上，手下有二三百人的武装，个个善骑善射，此外还拥有一两千人的红枪会势力。为了避免不必要的冲突，刘志丹给驻在许家庙的农民自卫分团团长尹耕莘写信，要求尹耕莘说服李林荣让路。尹耕莘与李林荣有些交情，他接到信后，立即给李写了封信，派护兵穆占胜骑快马送去，才将刘志丹、刘继曾一行接了过来。

许权中、杨晓初与刘志丹、刘继曾分别率领的两支部队7月5日会师于蓝天县张家坪。此时，全军不足五百人。

当天，刘志丹、刘继曾、许权中、杨晓初等人召开了工农革命军军事委员会最后一次会议。会上，作出以下决定：

一、取消工农革命军的旗帜及军事委员会，党在军队中的组织秘密隐藏起来。

二、不再开展苏维埃活动。

三、通过许权中的私人关系搞统一战线，争取暂归李虎臣部的刘文伯师。

会后，刘继曾以军党代表身份，召集了活动分子大会，宣布了上述决定。

打了两个月的西北工农革命军的旗子，被两名衣衫褴褛的战士含着眼泪卷了起来。

正在生病的刘志丹在一个炎热的午后离开了部队，穿着一件白布衫，徒步回西安向省委汇报。临走的前一天晚上，他来到许权中的住处，两人守着一盏煤油灯，相对无言，默坐了一夜。

分手时，刘志丹对许权中说，他到西安后不想多待，向省委汇报后，准备回到陕北老家去。他说他还要弄枪杆子。他说以后再搞武装可能会好些。许权中说陕北山大沟深梢林多，又远离交通要道，在那里搞武装一定能成功。

最后，他们的手紧紧握在了一起。

虎口脱险

（一）

渭华起义失败了。

刘志丹拖着病体，裹着尚未散尽的烟尘，从渭华前线回到了西安。他在刚刚搬到东羊市不久的省委机关找到了自己的老师李子洲。

那时，省委组织的几次武装起义均告失败，作为兼管军事工作的省委常委李子洲的心情十分不好。他向刘志丹详细地询问了渭华起义失败的经过，陷入了长时间的沉默。

“清涧起义失败了，渭华起义失败了，旬邑起义失败了……”过了好长时间，李子洲才自言自语，然后慢慢抬起头，对眼前的这位陕北青年革命者说：“景桂，我们一切都是按照中央指示进行的，我总寻思着，难道我们什么地方错了吗？”

刘志丹看着李子洲，诚恳地说：“也许，我们不恰当地选择了渭华地区发动暴动。”

李子洲一怔，抬起迷惘的眼睛，看了看昔日榆林中学自己的学生，说："渭华靠近冯玉祥，中央指示我们，陕西要集中力量打击冯玉祥，我们正是按照中央的这一要求发动渭华起义的。"

刘志丹喝了一口水，看着屋外的槐树，低沉地说："可是我们忘了，在冯玉祥的后院放火，他肯定不会善罢甘休。何况，他是不会允许我们这个钉子楔在他的兵源、物资补给线上的。"

李子洲点点头："我们当时决定在渭华地区发动起义，只考虑到如果在此地闹成气候，可以切断冯玉祥的运输线。"他苦笑了一下，摇摇头，又说："可是我们忘了，我们能想到这一点，冯玉祥、宋哲元不会想不到。看来，我们都缺乏打仗的经验。"

李子洲闷闷地吸着烟，慢慢踱着。踱到门口，眯缝起眼睛，看着蓝天上疾走的白云，愁绪绵长地对刘志丹说："景桂，省委第三次扩大会议作出《全陕总暴动决议案》已经一个多月了，可是如今，除了失败的几次起义，再没有新的行动，你说，实现全陕总暴动得等到什么时候?"

刘志丹一怔——他没有想到，直到眼下，他的这位老师的心还放在武装起义上。

显然，即使在陕西各地武装起义已经失败以后，办事认真的李子洲还没有完全放弃由他起草的这个全陕总暴动计划。

"在陕北，李象九的部队打完了，在渭华，许旅又打光了。眼下，冯玉祥、宋哲元对我们加强了控制，新的武装起义，恐怕一时半时发动不起来。"刘志丹说。

李子洲点了点头，无可奈何地默认了。

"老师。"刘志丹轻轻喊了一声，打破了屋里的沉默，"省委对我今后的工作有什么打算吗?"

李子洲沉吟了一下，说："关于你的工作问题，省委有两个意见供你考虑，如果你愿意，可以依然做省委与中央间的联络工作。

你到许权中旅之前，一直在西安和上海之间跑，有了这方面工作的经验。你可以考虑一下。”说到这里，李子洲停了下来，让他想一想。

刘志丹问：“另一种考虑呢？”

李子洲说：“依然搞武装。”他用热切的目光看着自己昔日的学生，说：“省委清楚，眼下，党所掌握的两支部队都打光了，在这个时候搞武装等于白手起家，很困难。”

刘志丹的目光里露出了倔强的神色：“老师，革命想要取得成功，没有党所掌握的武装不成，如果省委同意，我想先向中央汇报一次，然后回到咱们陕北去。”

李子洲明白了他的意思，微微点了点头，示意他说下去。

刘志丹抓着李子洲的手，急切地说：“渭华起义失败后，我想过好长时间，在靠近大城市搞武装不是个办法。”

李子洲默认地点点头。

刘志丹接着说：“老师，我想回到咱陕北的山旮旯里去，在山沟沟里、梢林子里去拉队伍，搞武装。咱那里山高皇帝远，人熟好办事，扑下身子，干他个三年五年，不愁闹不起一支咱共产党的队伍来。”

李子洲被刘志丹一番热辣辣的话打动了，紧紧握住他的手说：“景桂，你的想法太好了！毛泽东发动了秋收起义之后，就把队伍拉到了井冈山，在那里开辟了一块根据地，建立了第一支工农红军，看样子，共产党搞武装斗争，就得走毛泽东的路子。省委也有派你回陕北搞武装的打算。”

刘志丹激动地说：“我争取给老师交一份合格的答卷。”

李子洲笑了：“合格？我记得在榆林中学，刘景桂交的答卷可都是优良啊！”

刘志丹也笑了。

天色已经暗了下来。刘志丹对李子洲说："老师，我走了。"

"好，祝你成功!"李子洲又一次握住了刘志丹的手："省委的指示会通过交通及时地传给你。"

刘志丹忽然注意到李子洲充满血丝的眼睛，关切地说："老师，这些日子你太劳累了，要多保重。"

"你也要多保重。"

刘志丹走了。

(二)

转年就到了1929年。

天麻麻亮，雾气蒙蒙，西安城里那些卖菜的、卖吃食的，就忙着收拾筐担，准备应酬主顾。只见晨光朦胧中，一辆马拉轿车，摇摇晃晃驶过街道。赶车人坐在车辕上，扬着鞭子，高声吆喝牲口，鞭子响得又清又脆。来到城门洞，城门还紧闭着，好多男女围成一堆，等候赶早出城。赶车的跳下车，收住鞭子，向哨兵点点头说："老总，我们家老太爷有病，夜里打发我进城请医生，请你通融通融吧!"

哨兵斜了一眼，不搭腔，赶车的忙递上烟卷，说："请老总赏光。"哨兵指着墙上的布告说："你看见告示没有？城里正搜查这个人，上头没打招呼，就是皇帝老子来了，也休想出去!"赶车的扫了一眼，布告上写着核桃大的字：

"缉拿渭华暴动匪首刘志丹"。

下面还写着衣着相貌特征，画着影形图。

赶车的忙从怀里掏出个大信封，双手捧着递过去说："里面坐的是张大夫，请老总看看这个护照!"

哨兵接在手，抽出信瓤瞅瞅，一个字也不认得，只见上面盖着大红官印。捏捏信封，还有硬货，猜想是银元，立时满脸堆笑地说：“原来是张大夫。”挑开轿车的门帘，看了看，见那医生温文典雅，洋草帽，金丝眼镜，白纺绸衫，穿戴得整整齐齐。哨兵连连点着头说：“认识认识！”把信封塞进口袋里，忙去摘下铁链，拉开城门，哈哈腰说：“对不起！耽误你们了。”

医生欠欠身子，抬抬眼镜，算作还礼。赶车的鞭子“吧嗒”一甩，轿车出了城。

那伙做生意的男男女女趁势往外挤，都被哨兵挡回去了。

出城二三里，转进一条土沟，轿车“吱扭”一声停下来。赶车的拿鞭杆敲敲车篷，说：“先生，车轴坏了！”

医生探出头问：“到了吗？”

赶车的笑说：“谢天谢地，总算过了虎口！这哨兵是个笨蛋，还说同你是老相识！”

医生也笑起来：“他认得银元上的袁大头！”

赶车的说：“说不定他真以为，刘志丹是三头六臂，青面獠牙呢？”

医生说：“真长成那副模样，今天就出不了城了。化了装也不灵，人家一眼就认出来这个怪物不是？”说着，摘了眼镜，脱下纺绸衫，打开小包，穿上一身蓝制服，又把脱下的衣服包好，交给赶车的说：“这些东西，我留着无用，你还是带回去。对省委的同志说，一路平安无事，叫他们不要担心！”

赶车的把小包塞到车板底下，也嘱咐说：“大路上贴满了告示，你也不要大意！”

这位医生就是刘志丹。

上个月，他被省委派往上海，向中央汇报和请示工作。当时，党的“六大”刚开过，刘志丹读了“六大”文件，认识到目前的政治形势，是在两个高潮之间，党的任务不是进攻，不是组织起义，而是争取群众。“六大”总结了革命武装的经验教训，既清算了右倾投降主义，也批判了“左”倾盲动主义，发布了民主革命十大纲领，确定革命任务仍然是反对帝国主义和封建势力。陕西省委根据“六大”精神，结合西北的情况，对今后工作，重新做了部署，派出一批干部，到白军中做秘密工作。刘志丹被派往陕北，担任特委的军委书记，从事军事活动，等时机成熟，再打起红旗，实行武装割据。

前些日子，刘志丹就要动身的，不料，有叛徒告密。敌人出动大批军警，沿门挨户搜捕他。他在榆中上学时的一位女同学把他藏在一个杂货铺的后院，憋了一些日子，才躲过去。今天，好不容易得着机会，由后院翻墙出来，由交通员送出了城。

刘志丹穿行在田间小路上，放步紧走着。

今年又逢陕西大旱灾，天高无雨，刀镰不动，庄稼苗子都枯死了。省委曾派黄子文、陈冠英等到渭北帮助农民解决糊口问题。他们提出了“天不下雨，天逼民反，苛捐杂税，官逼民反，若要不反，离死不远，大家起来，实行共产”的口号。

刘志丹拿了把黑阳伞，也不打在头上，顾不得烈阳似火，顾不得疲劳饥渴，只是两脚不住地往前赶路。中午时分，已过了铜川，擦擦额头上的汗，稍作休息，便开始爬山。到第二天正午，又到了洛川。

这座小县城，坐落在土塬上，孤孤零零，毫无生气的样子，却见路边的土墙上，也贴了两张悬赏捉拿刘志丹的告示。刘志丹微微一笑，略一迟疑，还是拿着伞走进南门一家小店。拣了个红漆小桌子朝里坐下。刚叫掌柜的泡茶，后面跟着进来个人，中山服，黄皮鞋打扮。掌柜的又赶过去，张罗说：

“书记长来了，请坐。看茶！”

那人嫌他啰嗦，挥挥手叫他下去。只是两眼像滚豆豆一样，在刘志丹身上乱转。

刘志丹听见招呼，一回头，四目相对，吃了一惊。他稍作镇定，干脆直呼道：“黄舜尧！”

黄舜尧认出果真是刘志丹，转身就往外走。

刘志丹伸手拉住说：“黄先生，一向少见，别忙着走啊。”

黄舜尧只得站住，绿豆眼转了几转，立刻装作刚认出来的样子：“原来是刘先生！我看见有人上塬，心里就奇怪，天气这么热，又是晌午头上，有啥急事，这么不要命地赶路。万万想不到，在这种时候，刘先生还敢露头！”

刘志丹不动声色地说：“人生在世，总得走路。下几个雹子，还怕砸破脑袋？”

黄舜尧说；“还是刘先生想得开。既然这样，请跟我去歇两天吧！”

刘志丹说：“哦，我还要等两个朋友！”

黄舜尧见此，也坐了下来。心想：量你也逃不出我的掌心。嘴里却说：“那更好，大家一起谈谈！”

刘志丹不理他，叫道：“掌柜的，打酒！”

自从国民党叛变后，黄舜尧就在各县主持“清党”，新近才当上洛川县党部书记长。也是冤家路窄，就给碰上了。

刘志丹叫跑堂的摆上杯筷、酒菜。一边叫再添两副碗筷，一边给自己斟了酒，端起来略让一让说：“黄先生，失礼了！”

黄舜尧也虚应一声：“请便！”跷着腿，眯着眼，看门外有谁进来。

掌柜的跑进跑出，端茶递烟，忙着伺候黄舜尧。

刘志丹本不胜酒，端起酒杯，无非沾一沾唇，做做样子，随即又叫："炒菜！""拿馍来！"连叫几声，无人支应。刘志丹进了柜房，问道："怎么回事？"

掌柜的只是不言语，端着托盘，给黄舜尧送上两盘饺子。等了会儿，怕刘志丹见怪，又忙赔着笑说："先生，请等一等。"

黄舜尧没有留意，嘴里吃着饺子，两眼却溜着大街。

刘志丹见后院有道短墙，正好脱身。刚迈步要走，不提防掌柜房中跳出个穿军装的，一把抓住刘志丹的胳膊，拖向后院，一边说道："我等你好几天了，今日落到我手里，看你往哪儿跑！走，上公安局！"说着，两人已到了后院。

刘志丹抬头仔细一看，是马罗武，越发地感到奇怪。

罗武悄声说："快走吧，我救你来了。"

刘志丹来不及细问，跟着罗武出了角门。

黄舜尧吃到半截，还不见刘志丹回来，觉得事出蹊跷，忙放下筷子，叫来掌柜的，问道："那个人呢？"

掌柜的说："你们的人把他抓走了！"

黄舜尧一愣："那人什么样？"

掌柜的说："大个子，黄军装，说是公安局的。你进前门，他进后门。说你等着捉拿那人的同党，叫店里不要声张！还叫我给你包水饺来的……"

黄舜尧气得跺着脚吼道："放屁！走了共产党，回头我找你算账！"提起刘志丹丢下的那把阳伞，气急败坏地往公安局跑。

（三）

刘志丹和马罗武一出城，怕人追赶，不走大路，只抄小路，顺着洛河川，马不停蹄地跑出几十里，天也黑了，找了个小村子住下。幸好罗武事先在店里买了几个馍馍，弄了一包羊杂碎，两人胡乱吃了。主家端来两碗米汤。两人不肯过分打搅，借了一领席子铺在门洞里，躺下歇息，这才顾得上说起话来。

刘志丹奇怪地问："你怎么知道我来这儿？"

罗武笑了："咳！墙上贴满了告示捉拿你，想必你要到这边来了。这几天，大小客店我都挨个儿查问到了，就是不见你的影子。刚才，突然见你不知从哪搭蹦出来，竟然跟那姓黄的一搭喝酒，我就捏了一把汗。想助你一臂之力，又怕打草惊蛇。只好绕到后边，等待机会。幸亏他也是一个人，没敢当场下手。"

刘志丹说："多亏你费这番苦心。你知道我是干什么的，还敢找我，不怕受连累？"

罗武急得嚷起来："看你净说些什么话？我闯荡小半辈子，到处受欺，碰钉子，正要找你指条明路，还怕什么连累！"罗武说到这儿，突然眼睛一亮："景桂哥，去年秋天，我在洛川看见杨衮枪毙刘含初。那人死得英雄，绑到刑场上，还大骂国民党。我问营长，刘含初是做什么的。营长说是共产党，专门杀人放火。我看不像，又去问文书。文书说，共产党要闹共产，除暴安良，劫富济贫。我说，这是好人嘛！难怪杨衮要杀他。前几天，看见告示，说你也是共产党。我就明白了，在党的既然专跟老财作对，共产党就一定是个好党。我白天黑夜，都盼你过来，把我带上，一起闹共产。"

刘志丹被深深地感动了，觉得罗武的每句话都发自肺腑。便说："你说得对，共产党闹革命就是要翻转这个世界，不许人欺人。把那些贪官污吏、地主豪绅，连同蒋介石统统打倒，叫穷苦人当家主事！这就是条明路，咱们一起干吧，你经得多，见识广，心眼又实诚，能到革命队伍里来，会顶大用的。”

罗武心里滚热，说：“这可是天大的美事呀！我在社会上，东闯西撞，受够了罪，谁看得起我？难得你这样高看我，把这条命交给你也甘心！只要革命用得着，做饭、喂马、跑脚，我都舍命干！”

夜越来越深了，他们越谈越激动。马罗武竟急不可待地问刘志丹：“咱们要去什么地方？”

本来，刘志丹打算从洛川上走，经延安走大路去榆林找特委。如今看来，这条路不好走，沿途都有卡子，贴了告示捉拿他，不如绕路走保安、靖边。前些日子，永宁山的同志还有信，要他顺路把保安县的工作也整顿整顿。如今身上又害了疥疮。在渭华打仗时，经常露宿野外，那地方地气太潮，现在化了脓，也好回芦子沟找个土法治治。便对罗武说：“咱们先去永宁山，看看那里的情况再拿主意。现在是咱们最困难的时候，只能一点一滴地积蓄革命力量，三拳两脚打不出天下。干革命，这一代干不完，下一代接着干。水滴穿石头，铁梁磨绣针嘛。只要不怕困难，革命定会胜利！”

（四）

又一个星星撒满天的晚上。过了河，远远听见山上有三弦声，大概是瞎子在说书。永宁山平平静静，跟当年没什么两样，好像动乱、斗争、血火，都离这里很远。

王子宜的窑洞里刚刚开完党小组碰头会。子宜打开炕席想把文件藏起来，只听一声狗叫，紧接着，就有人小声敲门。

“崇义（子宜）！开门。”

声音挺熟悉，会是谁呢？王子宜也来不及细想，赤着脚跳下炕，打开了门。只见曹力如一步迈进来，王子宜大吃一惊。力如是在子宜之前从榆中毕业，去北京杨虎城办的无线电学校学习的。他一把拉住力如，“你咋回来了？外面情况怎样？就你一个人回来？……”

力如神秘地笑了笑，说：“你别急，你看后边是谁？”

话音未落，一个身穿大褂的汉子一步迈了进来，将他的肩膀重重一拍，哈哈大笑。

嘿！正是日夜想念的刘景桂刘志丹嘛！子宜惊喜得竟一时说不出话来，只是上下打量着他。他头戴一顶旧礼帽，身穿一件半旧的阴丹士林蓝大褂，消瘦的脸庞格外的粉白，看不出有什么倒过霉的迹象……

子宜激动地说：“做梦都没想到，你两个一起回来了。真是太好了！”

一会儿，葛明山、杨跃云、冯文方等人都挤进了窑洞。都是些有见地有作为的青年人，都想干一番革命事业，如今聚在一起，就有了说不完的话。

刘志丹说：“我要在子宜这儿住几天，咋样？子宜不会有什么问题吧！”

子宜忙说：“只管住下吧。我现在已经‘官拜’本县教育局的督学员了，没问题的。”

“是啊，我听说你们利用合法身份开展工作，搞得很不错。你们这些‘共产分子’，都成了国民党县党部的‘要员’，连县政府开庭议事，你们不到场都不行的。”刘志丹说着，笑了起来。

子宜告诉他们：“现在国民党县党部的书记是曹继之。”

力如说：“这个人我认识，不知他现在咋样？”

刘志丹说：“在西安时，听省委的同志曾介绍过，他是杜衡在西安发展人党后派回来的……”

子宜说：“是啊，他从西安带回组织关系，分在我们党小组。

因为他同时又带有国民党证和省党部的介绍信，所以，一进来就担任了县教育局长和县党部书记，还把我们几个人也带了进去，现在国民党的县党部基本上被我们的人掌握了。”

又是一个不眠之夜，刘志丹从大革命失败讲到南昌、秋收等几次起义，又从渭华暴动讲到“六大”。他说：“失败不要紧，跌倒了再爬起来。中国人民生活在水深火热之中，恰如干柴遍地，一遇火种，就会烧塌天的！我们就要做火种，依靠人民群众，拉起武装，建立根据地，革命一定会蓬勃发展起来。”

刘志丹一直在王子宜窑洞住了4天，4天中给这些党的骨干们灌输进去了许许多多马列主义的营养和坚持革命到底的雄心壮志。

第四天一早，刘志丹说：“我该回家了。”正准备走，他的弟弟刘景范赶着毛驴来接了。原来景范是因近来谣言多，心中不安，到县城来打探消息的。于是，兄弟二人一同下山回芦子沟去了。

从头谋划武装斗争

（一）

刘志丹走后，王子宜来到教育局找到曹继之局长，告诉他刘景桂回来了，请他给安排做教育局的督学员，以便利用合法身份，借巡视教学为名在全县各处走动，进行工作。

曹继之倒是二话没说，一口赞成，并立即拉着王子宜一起去见县长。

县长叫崔焕之，是国民党员，曾经在榆林中学任过教，说来还是他们的老师，是个同情革命的知识分子，平时很能和他们说得上话，就是有些胆小怕事。他听说刘志丹回来了，很高兴，把水烟袋一放，忙说："啊，刘景桂回来了？让我看看去。"

子宜忙说："他回家了，让我代他问候老师您哩！"

曹继之又把刘志丹夸了一番，说他如何有文才，这些年在外边又历练了不少武略，实在是少见的人才。

崔县长听着，不住地点头。

曹继之在王子宜的示意下，趁机叫苦，说教育局摊子大，人才不济，流露出要请县长任用刘志丹到教育局的意思。

王子宜掌握火候，又在一边不断旁敲侧击，替局长帮腔。

崔焕之思考了一会儿，说："等他来时，我问问看，他如果愿意去教育局，我岂能从中作梗?"

后来刘志丹去见了崔焕之。没过多久，他就担任了教育局督学员。紧接着，他要曹力如到高小任了校长。并调整了本县各区的小学校长人选，成立了保安县第一个党支部。支部就设在永宁山，刘志丹兼任书记，曹力如任组织委员，王子宜任宣传委员兼团支部书记。党的工作便像雨后春笋，进一步开展起来了。

（二）

刘志丹边工作边等待着特委的指示，安排新的革命行动。但是夏去秋来，进入了11月，仍不见特委回信，他心急如焚。可他怎么会料到，当年和他同去黄埔军校上学、如今的特委书记杨国栋在大革命失败后，被国民党反动派的白色恐怖吓破了胆，变成了革命队伍中的一个软骨头。杨国栋采取消极防御的办法，不再领导群众搞革命斗争，而是专注于白军上层工作，幻想通过结识几个白军军官来加以掩护，特委的工作早已陷入停顿，更不用说领导武装斗争了。他接到刘志丹的信又恨又怕，三两下将信撕个粉碎，气急败坏地说："唉，刘志丹这个人就是喜欢盲动，喜欢出风头，说什么斗争和武装割据，起义都失败了，还不藏起来，一回到陕北就瞎搞，闹得大家都躲藏不成，还得陪着他送死。"

刘志丹见等不来特委的批示，便决定到榆林去找特委。一天早饭后他带了些干粮，牵上头毛驴上路了。顶着高原上的寒风，骑一段驴，步行一段，经过几天的艰苦跋涉，终于到达榆林。见到杨国栋，刘志丹都有些不敢认了，只见杨浑身肥胖，身穿狐皮长袍，头戴礼帽，提着文明棍，脚蹬亮光光的牛皮靴子，脸上的肉一颤一颤的，一双原来就不大的小眼睛挤成了一条缝。他一见刘志丹就发火道：“你这个人真是急性子，这会子，天这么冷，你不在家呆着，急着跑出来干什么？白色恐怖这么厉害，还不快想办法躲起来！”说完直擦脸上的虚汗。

不一会，特委委员贾拓夫、刘澜涛、马文瑞、李力果、冯文江等都来了，谢子长也来了，他们一一和刘志丹握手问好，十分亲热。杨国栋靠在椅子上，欠着身子，天上地下的和大家开着玩笑，就是不谈论正题。

刘志丹心里着急，便问杨国栋：“我上次的信写得仓促，可能没说清……”没等刘志丹讲完，杨国栋就打断他说：“不用说了，我都明白，不知你怎么想的，现在局势这么紧张，人藏躲都躲不掉的，你还敢夺人家的武器，这不是白白送死吗？难道你还要重演渭华起义失败的悲剧吗？我绝不许你在陕北胡闹。”

谢子长一听杨国栋这番根本不容商量的话，便反驳道：“照你这么说，都藏起来躲起来，那谁来革命，革命又怎能取得胜利呢？”

其他同志也说：“搞武装斗争是中央和省委的指示，怎么能说是盲动胡闹呢？”杨国栋急了：“就知道武装斗争，武装斗争，好像一抓到枪就能把蒋介石打倒，真是异想天开。”

刘志丹对杨国栋的蛮横态度也非常气愤，但为了解决问题，他只好压住火气，尽量平静地分析当前形势：“毛泽东同志已经领导湖南秋收起义的部队在井冈山一带建立了六七个县的红色政权，开辟了湘赣边根据地。陕北山大沟深，敌人的统治力量又薄弱，群众基础好，很适合搞武装斗争，建立革命武装割据政权……”

杨国栋一味害怕失败，根本听不下去，对刘志丹说：“你开口闭口是井冈山，怎么不提你的渭华起义？陕北是陕北，想搬南方那一套，行不通。现在机会不到，不能乱来。本来想让你开个小铺子，如果你不愿意去，那么就到榆林中学当个教员也可以，遇到机会，贴贴标语，搞搞宣传就行了，再不要提武装斗争了，再乱来，我可要执行党的纪律了。”

刘志丹耐心听完后严肃地说：“我不同意你的观点，你强调的是机会，实质是机会主义。我们大家都知道，放弃了同敌人的斗争，空喊革命又有什么用？我们只有按照朱毛红军的办法，走武装斗争的道路，离开了武装斗争，就没有革命的胜利。去年省委 9 月 26 日会议上，就做出关于军事行动的决议案，这次我回来省委又有指示，要抓枪杆子，要把农民组织起来，武装起来。我建议特委应该认真讨论一下如何贯彻中央和省委决议的问题。”

其他同志纷纷表示赞同，谢子长说：“对中央和省委的决议不贯彻、不执行，这是党的纪律不能允许的。”

杨国栋一意孤行：“你们看着办吧，反正我不同意你们的意见。”说完便不再言语。大家对他的缩手缩脚的态度非常愤怒，问：“杨国栋，这是党的特委会议，你这样对待会议是什么态度？”杨半闭着眼睛说：“我这个书记不当也行，让我改变主意，办不到，你们这是合伙跟我作对。”

刘志丹坚决地说：“国栋同志，这是党的会议，个人有什么意见都可以谈，我觉得你的看法，跟中央和省委的精神有着原则性的分歧，你应该正视这个问题。”马云泽接着刘志丹的话茬说：“照你这个样子，还革命不革命？”杨国栋猛地坐起来，大声说：“我革命不革命这是我的自由，你们管不着！”随即跳下炕，披上狐皮袍子把门一拉，气呼呼地走了。

刘志丹和其他同志，被杨国栋的这种态度和极其错误的观点激怒了，他们继续开会，最后一致同意：坚决按照中央和省委决议办事，抓枪杆子进行武装斗争，并要将杨国栋的情况向省委报告。

刘志丹同杨国栋的斗争，得到了特委大多数同志的支持，不久省委决定撤销杨的特委书记职务，由刘志丹主持特委工作。刘志丹便决定利用年关春荒，领导村民进行斗争。

当时，大街上随时可见到成群结队的饥民，他们把沿途的树皮剥光了，野菜草根挖空了。那时的陕北大地饥民遍野，一片悲惨凄凉景象。

刘志丹把大家组织起来，对领导饥民斗争的党团员及时进行指导，组织饥民分官粮吃大户，闹得热火朝天。这场饥民斗争犹如阵阵春雷，震撼着国民党反动派的黑暗统治，冲击着地主阶级的剥削制度。

春荒将过，种庄稼的时间已到，大部分饥民都分得了粮食，回去准备下种。但有一些人不愿散伙。刘志丹指示组长赵二娃把他们拉到南梁一带的梢山区，并叮嘱道："没有枪，可先弄些大刀长矛，但不能在山上当土匪苦害百姓，一定要和地主老财斗，保护老百姓的利益，也不能遇到苦难就散伙，要坚持斗争。"

赵二娃坚定地说："一心跟你闹共产，雷打不散伙，火烧不变心。"这些人就像撒向山里的种子，必将在陕甘边开展的武装斗争中发芽结果的。

智选 “团总”

（一）

春天来了，刘志丹主持召开了特委会。委员们通过汇报分析认为：前一段的饥民斗争扩大了党的影响，动员了群众，涌现出一批骨干分子，在经济上使农民得到了利益，在政治上打击了陕北的封建统治，但是群众运动没有武装力量的配合，难以取得更大的胜利。

但是武装力量从哪里来呢?

刘志丹和大家一起分析了形势，他把陕甘宁的武装力量分为四大类，一类是国民党的正规军，他们反革命的立场十分顽固，上边的军官一般都亲蒋；第二类是小军阀的军队，他们也坚持反共立场，但和蒋介石同床异梦，彼此各霸一方，明争暗斗；第三类是各县的地主民团武装，他们数量不大，是地主阶级欺压剥削人民的帮凶和爪牙；第四类是土匪武装，他们主要是被地主老财欺压剥削得无法生活下去的穷苦农民，利用山高地险占山为王当了土匪，平时干些打家劫舍的勾当，虽也有残害老百姓的，但大多数还是穷苦人，只有少数兵痞和坏人混在其中。

在刘志丹的引导下，大家经过分析、归类、排队，思想上完全达到一致，做出结论，联合进步势力，通过上层，建立反蒋同盟，通过下层，培养干部建立革命武装，派党团员深入旧军队做兵运工作，想方设法大抓武装。刘志丹说："我们的政策是打进去，还要拉出来。对那些现在能抓过来的武装，坚决抓过来；对条件不成熟的，就派人进去，做好下层士兵的工作，条件成熟了，就举行起义，就同国民党反动派进行公开的武装斗争。目前的形势对我们来说，非常有利，陕甘宁三省境内的一些小军阀都在招兵买马，扩充自己的势力，这真是我们打进去做兵运工作的好机会，比如宁夏的苏雨生，如今正在招兵买马，发展力量。"

谢子长提醒大家说："苏雨生的骑兵师是个杂牌军，被冯玉祥收编过，他的八旅里两个团长是榆林中学的学生。"

刘志丹建议道："老谢是兵运工作的能手，在苏雨生那里也有一些社会关系，参加领导过渭华起义，就请你去苏雨生的骑兵四师搞兵运吧。"

其余几个委员也自告奋勇报名到旧军队里去。

刘志丹继续分析道："搞一支革命武装，不但要抓'兵运'，还要抓'匪运'，目前在陕甘边界活动着一些土匪，他们尽管也干一些残害百姓的勾当，但他们的主要矛头是指向地主阶级，因此应该去争取他们，尽最大可能把他们改造成革命的武装。"

大家一致赞成刘志丹的观点，然后分头行动。

刘志丹回到保安，立即召开党支部会议，研究发展武装问题。

在场的人情绪都很高昂，一致认为，搞武装是方向。但怎么搞呢？有些人心中仍没有底。

王子宜想到了民团，便说："我们县的民团不也是武装吗？枪还不少呢！”

曹力如一拍大腿：“对，搞他们。是缴械还是全面拉出来，我看都有把握。”

刘志丹沉思了一下，说：“是啊，我们应该把身边的这支武装控制起来。不过，咱们目前在民团的力量还是非常薄弱的。”

大家仔细一想，是不那么简单，商量了好久也未定下来。

又一连几个五更熬下来，他们又开了几次会，终于定出了一个基本上挑不出任何毛病的方案：“利用我们目前的有利条件，通过合法斗争来夺取这支武装！”刘志丹说。

（二）

民团早年间叫团练，进了民国就叫民团，有几十个本县子弟，十几支枪。现任团总是本县的一个大爷，姓陆名登高，字仰之。没念过书，却懂点武术，因每日除了抽大烟就是搓麻将牌，身子骨瘦弱，对团里的事很少管。可他是个大地主，和本县大户都有联系，以势压人，连县长也得让他三分。

支部决定从他身上开刀。

一开始，先放了个“烟雾弹”。党团员四处活动，没多久，全县都在议论：“陆仰之是个草包，连个驴也吆不走。除了认识麻将和牌九上的那些画画，斗大的字认不下一石。”“说是个团总，既没读过兵书，又没上过阵，只会派粮要捐。”“以前是山中无老虎，猴子充大王。现今刘景桂、曹力如这些出去上过武备学堂，当了军官的武举，又参加过‘扫北（北伐）’，能文能武，真刀真枪领兵在沙场上打过仗的人，哪个不比陆仰之强万分！”“是啊，不能放着将才用蠢材……”

陆仰之一转一听，回来像吊死鸡，只剩一点气息了。

大家看看陆仰之坐不住了，条件已经成熟。就由曹继之、曹力如和王子宜拿了四乡父老签名的“条陈”，去见县长崔焕之。

曹力如单刀直入：“近来本县城内、四乡关于民团有许多议论，县台想必早有所闻了吧?”

崔县长说：“我也听到一些，不过……”

曹力如立即把“条陈”递了上去：“父老乡亲让我们代呈“条陈”，请县台过目。”

“怎么，还有……”崔焕之很吃惊，忙戴上眼镜，接过“条陈”，边看嘴里边“嗯嗯”。

王子宜说：“请老师三思，这可是关系到全县城安全存亡的大事！况且……”

正说着，听差的进来报告：“陆团总求见。”

县长还未开口，陆仰之已摇摇晃晃踱了进来。见王子宜一伙人在这里，脸上立即有些不自然，冲着县长一抱拳，说：“唐突了，蒙县台厚爱，兄弟我在民团效力已有多年，没有功劳也有苦劳哩！谁知，近来却有些干不下去了!”说着，又是摇头，又是叹气，不住地用眼睛狠狠地瞪着王子宜一伙人。

王子宜看他竟先摆谱，便说：“怎么？莫非团总近来手气不佳?”

大家一听，哈哈大笑，连崔县长和进来的倒茶听差也忍不住乐了。

陆仰之顿时面如猪肝。

曹力如站起来对县长说：“陆团总找你有公干，我们还是暂时回避的好。这个‘条陈’可就留下了。望县长仔细考虑。”

陆仰之一听，却把手一摇，说：“不必走开，我正要当着县台大人的面向各位老师请教哩!”

“哦?”

县长说：“也好，有话当面谈清。”

他们几个相视一笑，便都坐了下来。

“近来咱们县吵得乱七八糟，谁不知道，原因就在县上那些学生孩。他们受人教唆，不专心念书，跑到街上胡说八道，飞机（非议）县政，挠（搅）乱民心，连我的民团都让他们快给弄垮了。你们做老师的，不知教学生守法循礼，放纵学生挠（搅）乱治安，还游说、说四乡绅士，拆、拆本团总的台，你……你们……”

他一番话讲下来，已是满头油汗了，端起茶盅喝了个精光，抹了抹嘴，正准备再讲下去，曹力如站起来，说：

“学生乃国民一分子，读书识字，非不学无术之辈可论。况且，路不平众人铲，民众议论团总不称职，怎能和搅乱民心、弄垮民团扯到一起去?”

曹力如一席话，气得陆仰之跃起身，拍着胸脯叫道：

“我陆某人虽不才，也是本县父老乡亲推选，县台委派的。你们到底想把我陆登高怎样?”

曹力如使了个眼色，便按刘志丹事先说定的，转身向县长抱拳说道：

“老师明镜高悬，陆登高文不识丁，武不服众，作威作福，鱼肉百姓，玩忽职守，无所用心；乃至团练疲惫，民怨沸腾；以前因蜀中无大将，方至陆某人长期位居团总，如今景桂等人多已归乡，有此将才，不可不用，否则，值此兵荒马乱之年，怕是要贻误乡梓!”

县长听了这番辩论，觉得有理，再加上素来对陆登高的骄横多有不满，如换上自己的学生当团总，也省得遇事受人挟持。于是，问道：

"登高，你看如何？"

陆仰之一看县长不给自己撑腰，铁青着脸说："只要县中父老认为陆某不如刘景桂这个洋学生，兄弟情愿让给他。"

县长连连点头。

王子宜他们也齐声说好。

于是，当场决定：三天后由县长主持，在县高小开场，选举民团团总。请县里士绅、父老投票断之。

选举民团团总，这可是件十分新鲜的大事。不出一袋烟工夫，已轰动了全县城。

当晚，刘志丹他们开会研究下一步行动，认为支部以前的部署一步步落实了，现在关键在选举了。

有人讲："那些顽固士绅，财大气粗，又和陆仰之关系密切，弄不好会倾向于这个草包，你说咋办？"

刘志丹分析："他们之间也有矛盾的，就看我们的工作如何做了。"

曹力如说："我们大家可以利用各种关系，比如亲戚关系，捻香结拜拉关系，尽量多结交人，把选票拉过来。"

曹继之说："学校和民团也不能放松。"

最后，刘志丹说："我看就这么办，但要特别注意掌握会场，陆登高是个流氓，要防止他捣乱。"

他分派曹力如去民团活动，曹继之组织学生，王子宜掌握会场。大家连夜分头进行工作。

（三）

这是个好日子，秋高气爽。县高小学堂里张灯结彩，贴满了花花绿绿的标语。

“尊重选举！”

“慎重考虑，请选刘志丹！”

“请选曹力如！”

……几个学生又吹喇叭又打鼓，吸引了不少人，真是热闹。

县长走来转了一圈，很满意，在正中大红票箱后面的太师椅上坐下。

刘志丹和陆仰之分别坐在两旁稍后一点的木椅上。下边全是赶来投票的“选民”，有商铺店号的老板，有士绅，还有来凑数的农民。室内乌烟瘴气，一片嘈杂声。

县长看来人差不多了，正要吩咐开始选举，只见挤上来一个人，鬼头鬼脑地在陆仰之耳边叽咕几句，陆仰之马上得意起来，对县长说：

“外面又来了一批选民，请县长做主让他们进来。”

县长不耐烦地说：“那就让他们快点。”

一声令下，外边挤进来几十个人，有一半是弯腰驼背的老头子，还有几个满脸横肉蛮气十足的人，谁都认识那是陆家护院的家丁。

这时，刘志丹递给王子宜一张纸条，上边用铅笔写着“学生”俩字。子宜忙退出会场，向等在外面的曹继之一招手，他马上领来事先安排好的几十个学生，吵着也要参加投票。

陆仰之一看，急了，连忙表示反对。

刘志丹笑而不语，看着县长。

县长向陆仰之说：“哎！你邀来参加选举的人，景桂并无二言，如今这些学生，我看也可以参加。”

陆仰之说：“县台错了，这些都是孩子，学业未成，乳毛未干，怎能参加选举，怕是受人雇佣的吧。”

陆仰之真是猪八戒倒打一耙，他自己花钱雇人来选举，反污蔑刘景桂他们雇人。这些学生的父亲都在场，一听陆仰之的话，心有不悦，顿时，全场大哗。

刘志丹说："县长，大家都是一县人，谁不认识谁？到底谁雇人，大家心里明白。如果陆团总愿意，咱们可以查查到底谁雇人。"

陆仰之一下子变哑巴了。

刘志丹又说："况且，学生也已成年，都是本县一分子，此选举是全县大事，学生如何参加不得？"

县长见陆仰之无话可说，就宣布让学生参加。

选举揭晓，刘志丹和曹力如的票数最多，陆仰之落选了。县长宣布由刘志丹任民团团总，曹力如任民团副团总。在场的人都鼓起掌来。

陆仰之气得不行，跳起来大嚷："选举不民主，肯定有人作鬼了，不能算数！"

他的几个亲戚、家丁和雇来的人，也跟着乱嚷嚷，替陆仰之帮腔；一些顽固士绅也说："我们都同意陆团总，为何只那么点票？"他们要县长亲自监票，看其中是否有作弊行为？

"每人一票，总数又对，怎能有鬼？"崔焕之摆出了县太爷的威严，作色道。

后来，刘志丹他们才知道，选举中是有名堂的。原来，学生写完了选票，就主动帮那些不识字的老头们写，凡是选陆仰之的，他们都写了刘志丹。有些糟老头子不识字，数了数选票上面写的是三个字就放心了，却忘了刘志丹也是三个字。大家听后，笑得肚子疼。

刘志丹他们掌握了民团，针对眼前这一胜利，决定：一是把全县教育系统的工作狠抓一下；二是利用民团这一合法工具，抓紧改组，使它成为党领导下的，又有合法地位的一支革命武装。

将计就计扩队伍

（一）

刘志丹当选保安县民团团总的消息很快传到张鸿儒的耳朵里，老家伙马上意识到了刘志丹对张家会造成很大的威胁。他坐立不安，派人找来儿子张廷芝。父子俩一合计，给刘志丹下了一张大红请帖。刘志丹看后说道：“真是怪事，我上门去找，他老子不见，现在小子又拿着帖子来请，不知道他张家父子的葫芦里装的是什么药。”

曹力如说：“张家现在正在招兵买马，但由于他家名声不好，招不上来，就想借你的名望去招兵呢。”

刘志丹点头说：“这是一个原因，更重要的原因恐怕是张鸿儒这老狐狸，借他儿子扩充势力来控制和监视我们。”

大家伙儿都不赞成刘志丹前往，害怕凶多吉少。刘志丹笑着说：“不用害怕，我会防着他的，并且可以借他招兵买马之机，打进去一批人，为我们发展力量，这叫将计就计。”

刘志丹穿着长衫，戴着礼帽，文质彬彬像个学者的样子来到了张鸿儒的家中，得到了张廷芝的盛情款待，副官围了一大圈都向刘志丹露出谄媚的笑，菜、汤摆了一大桌，都是老百姓见都未见过的。这时从外边传来一个女人放荡的笑声，随着笑声，一个打扮得妖里妖气的女人走进来说："刘家大哥，我父亲让我问你好。"那双酸溜溜的眼不住地在刘志丹身上转，刘志丹认出这是张廷芝的妹妹张够够，就冷冷地打个招呼后不再理睬她。

然后张廷芝告诉刘志丹负责招人和整编军队。几天后，各地的革命青年都相继到了他的麾下，大约有100多名新兵，和原有的人马加起来，也可以组成一个团了。刘志丹把队伍按"一新一旧"进行了编制，并趁机在各连安排下了自己的人。

（二）

1930年春天，形势突变，冯玉祥和阎锡山联合了国民党内其他地方军阀，要在河南等地和蒋介石展开中原大战。刘志丹分析了形势，考虑到苏雨生被冯玉祥调回驻守甘肃陇东，这必然要和宁、甘的地方军阀发生火并，而共产党在苏部搞兵运活动是为了建立红军，绝不是为军阀之间争夺势力流血卖命。于是他就紧急召开共产党员参加的会议，决定一旦爆发战争，我党控制的各部迅速脱离苏部回陕北进行活动。

这时曹力如向刘志丹汇报了永宁山党支部和保安县民团的情况，说最近甘肃陇东民团军司令谭世麟为了扩充兵力，正在招兵买马，条件是谁能拉起一连人就给谁一个连长，谁能拉起一个团，就给谁一个团长，并给划防地，发给养。

刘志丹一听很高兴，对谢子长说："老谢，我看这是个好机会，我们再乘机打进去，就像抓保安县民团那样，把陕甘边十几个县的民团都抓过来。”

谢子长说：“陕甘边各县的情况和保安县是不一样的，要吃掉人家首先就得有自己的力量。”

刘志丹反复考虑后说：“从苏雨生那里回来的一些同志，加上一些进步青年，就有200多名，如果再进来一些家境贫寒的农民青年，就可以在谭世麟那里编一个团了。”

经过刘志丹的努力，队伍组织起来了。由于谭世麟久闻刘志丹的声望，想得到他的整编民团军，便将刘志丹委任为第五营营长。

刘志丹在谭世麟部取得合法身份后，就回到金汤镇，开始挂名扩大队伍，人马很快得到发展，编成4个连。这时谢子长协助李力果把杨庚武部周维奇营拉出来，和刘志丹的队伍汇合。周维奇营有100多人。金汤镇顿时活跃起来，操练声、刺杀声，把整个金汤镇闹得热气腾腾。

正在打听刘志丹情况的张廷芝，闻讯后立即带上马弁到金汤镇察看动静，一看不由大吃一惊，尤其看到周维奇精良的武器，心里又害怕又眼红。他又厚着脸皮跟刘志丹说能不能回头跟他一起干，刘志丹笑着说：“只要你有枪，我给你招人来扛，你看怎么样？”张廷芝忙说：“那不行，这样做，你会把我的枪拐走的。”刘志丹哈哈大笑道：“你这家伙太狡猾，又想套住大公鸡，还怕吃了你的米。”张廷芝红着脸说：“我反正闹不过你们这些喝了洋墨水的人，你不和我一块干，我还要找你。”

（三）

不久，张廷芝拿着父亲张鸿儒的信，也投靠到谭世麟门下了，凭着老子的面子，在谭世麟处领了一个头衔，驻在金佛坪对面山上的豹梁寨子，自称团长。然后他开始了扼杀刚刚建立起来的革命武装的活动。这时，他想起了周维奇，认为这是个色迷酒鬼，完全可以用金钱美女收买过来。他很容易就和周维奇拉上了关系，第二天请周维奇到他的豹梁寨子喝酒。刚上寨子，周维奇看见一匹大红马，拴在寨子的一棵树上，高大威武，不由得连声夸赞。张廷芝看在眼里，忙说："这匹马是我父亲出了一千两银子，从内蒙一个王爷那里买来的，你如果喜欢，就送给你了。"

周维奇简直不敢相信自己的耳朵，忙说："不敢不敢，这么好的宝马，我怎么敢要呢。"但还是美滋滋地收下了。

酒席开始了，好酒好菜好招待，一个副官端着盘子走进来，盘子里放着两包大烟土，两百块大洋，赠给周维奇。正在周维奇感激不尽时，张廷芝的妹妹张够够又风骚地走进来给周维奇敬酒。两人眉来眼去，几个回合，便臭味相投。张廷芝便说把妹妹许配给周维奇为妻，周维奇激动得无以复加，说："张兄，你对我的恩德，我给你做牛马都报答不完，你有什么事要我帮忙就尽管吩咐。"

张廷芝见"美人计"生效，鱼已上钩，就长叹一口气说："没啥事，只是我想把我的军队从下马关接来，又怕路上不好走。"

周维奇忙说："不必担心，我派人保护你把队伍接过来。"

周维奇喝得飘飘欲仙，当晚就由张够够陪着睡了觉。第二天得意忘形地骑着大红马回到了齐桥堡子上，抽调了20多名精兵，并由得意干将阎红彦保护张廷芝前往宁夏下马关往回接部队。

阎红彦是陕北安定人，1925年入党，曾参加过清涧起义，搞过"兵运"工作。他20出头年纪，身材高大，体格健壮，能征惯战，在基层有很高的威信。

张廷芝去下马关接兵是一箭双雕，既可以拉回部队，有了和刘、谢相对抗的本钱，又可以支开阎红彦，好对付周维奇。在回来的路上，他支走了阎红彦，偷袭了苏雨生，并趁一个深夜将20多人全部缴械下牢关押。回到金佛坪，马上对周维奇下手，派人请周维奇过来吃饭，说是老丈人家里请，结果等周维奇兴冲冲走来刚进门，两把盒子枪就对准了他的脑袋。

周维奇一开始愣没反应过来，还以为张廷芝跟他开玩笑呢。张把眼一瞪说："哼，还做梦呢，你也不看看我老张家的饭是好吃的吗?"周这才回过神来，知道中了张家的"美人计"。张廷芝说："你跟我回齐桥堡子，下令全营缴枪投降。"可怜还在睡梦中的200多名士兵，还没弄明白怎么回事，几百支枪全部被缴，装了麻袋。这一步棋，张廷芝走得干脆利索，滴水未漏。

得手之后的张廷芝更加疯狂，要趁势活捉谢子长，可到了谢的窑洞，已不见了人影，被窝还是温的。张廷芝叫嚷着要把刘谢的部队一网打尽，一路追到刘志丹的营地张沟门。哨兵还未来得及报信和抵抗就被缴了枪，只有连长带领10人冲出去给白豹镇二连送信，结果二连也早已被缴械。

这一事件被称为"三道川事件"。

就这样，刘志丹和谢子长历尽艰辛搞起来的第一支革命武装，尚未打出红旗，就被土匪成性的张廷芝搞垮了。

刘志丹心情沉重地说："咱们以君子之心度小人之腹，上了大当，这个教训太深刻了！要吃一堑长一智，再也不能犯类似的错误了。"

阎红彦一咬牙，竟唱起了信天游——

一碗碗凉水一张张纸，
谁昧上良心谁先死。
一碗碗凉水一炷炷香，
谁昧上良心谁先见阎王……

邠县之难

（一）

陕甘还有一支部队，那就是苏雨生的部队，在宁夏马关一带被马鸿逵和谭世麟前后夹攻，遭到惨重失败，收拾残局逃到陕西投奔了杨虎城，被杨虎城收编为警备骑兵旅。其实，他投奔杨虎城的心并不诚，只是为了暂时投身，等待羽翼丰满，东山再起。杨的心里也明镜似的，所以也不重用他。省委决定派刘志丹联合杨虎城的力量反对蒋介石，苏雨生也是争取的对象。

刘志丹到达织田镇一月有余，还未到邠县会见苏雨生，苏就派一名副官拿着他的亲笔信和大红请帖，开汽车到织田镇请刘志丹到邠县商谈。刘志丹看到请帖和信后，一边吸烟一边思考：苏雨生是个优柔寡断的人，他投奔杨虎城不过是骑马找马，与我们合作，想必是害怕孤立，脚踩两只船，以便利用我们的力量扩大他自己的势力。想到这，刘志丹不由自语道：“正好我也要借用他的力量来扩充我的武装呢，那就去会会他。”

临行前，刘志丹召开了干部会，交待下属说：“古人说：‘文行武备’，这次我商谈能否成功，主要看我们自己的实力如何。我走后，你们一方面加强戒备，另一方面继续筹备粮款，准备上山，平原不是我们的久留之地，山区才是我们发展的根本。”然后，刘志丹便带领警卫员路四乘车前往邠县。

（二）

苏雨生闻讯带队出城数里迎接。当天设宴款待，觥筹交错之间，对刘志丹的儒雅风度和军事才干大加赞赏。第三天便开始谈合作事宜，非常顺利，没有一点不对的迹象。接下来的日子，刘志丹惦念部队急于回去，但苏雨生执意挽留，使刘志丹盛情难却，只好再留几日。

一天晚上，刘志丹已经上床休息，忽听窗外有响声，接着飞来一个纸团，展开一看上写：“事情有变，多加小心！”字迹生疏，且没署名。刘志丹感到蹊跷，赶忙叫来路四，让他赶快回织田镇，叫队伍加强戒备，恐有意外。但路四说什么也不离开刘志丹，要保护他的安全。刘志丹命令说：“立即回去，部队要紧，有了武装他们就不敢把我怎样了，失掉了武装，留下我们有什么用？”路四刚走，苏雨生派人来请刘志丹说有事商量。刘志丹来到苏雨生的客厅，只见苏雨生神色不安地来回踱步。他请刘志丹坐下，而自己不坐，什么话也不说。刘志丹问他：“深更半夜，你还有什么事商量？”苏雨生长叹一声说：“事情坏了，今天下午西安来了一道密令，要我把你扣留起来，把你的部队缴了械，将你解往西安。”

刘志丹一听火冒三丈：“你设的什么圈套？他们怎知道我在这里？”

苏雨生哭丧着脸说：“西安方面给我拨了一个营，实际上是监视我的，什么事他们都知道。”

刘志丹冷笑一声：“原来我交了如此胆小的朋友，你看着办吧。”

苏雨生红着脸对刘志丹说：“老弟，那就暂时委屈了。”他回头对手下说：“把他押到牢里去。”

这时，门外传来两声枪响，接着路四血淋淋地闯进来，说道：“总指挥，苏雨生这个坏蛋已经派了一个骑兵团和一个步兵团包围织田镇去了，我要来向你报告，他们不让，还把我给打伤了。”

刘志丹指着苏雨生的鼻子，愤怒地骂着：“卑鄙，这笔血债一定要你这个不义之徒偿还的！”苏雨生低下了头。

刘志丹被下到牢里，砸上了沉重的铁镣。苏雨生密报国民党省党部，省党部马上派人来审讯刘志丹。审讯时坐在旁边的苏雨生狐假虎威地问：“刘志丹，你们共产党祸国殃民，已经被政府取缔，你又到本军，来煽动赤化，你可知罪？”

刘志丹说：“我是你请来煽动赤化的，难道不清楚吗？还狗模狗样来问我？”

省党部的来人一听刘志丹话里有话，就急忙问：“究竟怎么回事，把话说清楚，不然送到南京后你再后悔就来不及了。”

刘志丹说：“我正想去向蒋校长揭穿谁请我来商谈合作，准备反蒋倒杨另立旗号！”

这一下把苏雨生吓得出了一身汗，他怕刘志丹把自己的事端出来，得罪了蒋介石，惹怒了杨虎城，又得罪了共产党，里黑外也黑，这不是死到临头了吗？他不等刘志丹说完就狂叫：“用大刑。”

省党部的人看出苏雨生的用心，对苏雨生冷笑说：“你可真不愧是审讯果断啊！不过我提醒你，刘志丹是蒋委员长的学生，南京要活的，可不要死的！”说毕，扬长而去。

结果，省党部催着往南京解刘志丹，杨虎城也催着要人，苏雨生迫于无奈，只好硬着头皮，厚着脸亲自到牢房去看望刘志丹，结果被刘志丹骂了个狗血喷头。正在苏雨生骑虎难下时，营救刘志丹的工作已经有了眉目，陕西省主席杨虎城的高级参议、刘志丹的中学校长杜斌丞先生给杨虎城做工作，杨虎城也认为刘志丹是个人才，才冒险写了手令，命令苏雨生放刘志丹。

救出了刘志丹，杜斌丞亲自来接他，如亲人相见一样，分外激动。刘志丹说："校长，我们和敌人打交道，自己太蠢了，老是上当吃亏。"杜斌丞说："我看你们就是这样，刚搞点力量，就忘乎所以，跑到平原上来了。陕甘边有那么多山大王，都能占地为王，就是你们老失败，站不住脚。"刘志丹沉痛地说："校长，你说得对，我们就是急于求成，太脱离实际了。"就这样，刘志丹毅然和接他的战友们向山区走去。

太白收枪建武装

（一）

1930 年 8 月中旬，刘志丹前往绥德，参加了中共陕北特委第三次扩大会议。这次会议决定，继续开展“兵运”工作，条件成熟时实行兵变，建立独立的革命武装。会上成立了中共陕北行动委员会军事指挥部，谢子长、刘志丹分别任正副总指挥。会后不久，刘志丹请求辞去陕北特委军委书记职务，仍回到陕甘边界开展“兵运”工作。9 月中旬，刘志丹返回保安，向党组织传达了陕北特委第三次扩大会议精神，研究制定开展“兵运”工作计划。大家正在开会研究“兵运”工作的具体安排时，恰巧在陇东民团军中曾和刘志丹一起搞“兵运”工作的杨树荣回到保安。他向刘志丹汇报说：“谭世麟对三道川事件很恼火，他直骂张廷芝是反复无常的小人，白白使他损失了一团人马。看来咱们在三道川准备起义的事，谭世麟仍然毫无察觉。他还要我把你找回来，当他的骑兵第六营营长。为此，他把驻合水县太白镇的陇东民团军第二十四营副营长王凤珠叫来，当面交代，叫王凤珠协办这件事，王凤珠满口答应尽力帮助……”

根据这个情况，刘志丹等同志经过反复研究，决定出其不意，进攻陇东民团军驻防太白镇的第二十四营，把武器较好且最反动的太白敌军先搞掉，以铲除祸害，夺取武器。他通知二十四营营长黄毓麟：骑兵第六营将开赴太白镇，请他们预先筹集粮草。以此稳住敌人。并派人分头调集人马枪支，赶制陇东民团军服装和旗帜。然后从保安民团中抽出部分人员和枪支、马匹，加上从三道川零星回来的人员，调集了29人，长短枪20多枝，战马20多匹，将队伍带到白沙川的密林中，进行了必要的训练和动员。

（二）

在经过充分准备之后，9月28日，刘志丹骑着一匹铁青色的高头大马，身着陇东民团军军官的服装，率领打着“陇东民团军骑兵第六营”旗帜的29人的骑兵队伍，从白沙川出发，沿葫芦河前进，当天下午顺利开进太白镇。

太白镇地处陕甘交界，位于甘肃合水县境内，是葫芦河与苗村河的交汇处。这座历尽沧桑的小镇，其城池相传为北宋庆历年间范仲淹屯军戍边时所筑。这个小镇的周围，子午岭青山环绕，山中涓涓清溪从城边流过，明代嘉靖年间陈霏曾题“碧落霞天”四个大字于此处山岩之上，形容太白山水的雄壮和秀丽。

太白镇东南，有一处烧酒作坊，掌柜的名叫李绪增，为人刚直仗义，刘志丹早就和此人相识。进入太白镇后，刘志丹将队伍安顿在李绪增的烧酒作坊里。当晚，在敌二十四营中当兵的赵连璧以喝酒为名，来烧酒作坊向刘志丹报告敌营内部情况。赵连璧是保安县人，曾当长工多年，因逃避地主逼债，到太白镇民团军第二十四营当兵，后任班长。他和刘志丹很早就有交往。刘志丹听了赵连璧的报告，大体上掌握了太白民团军的布防情况：敌二十四营有三个连，第一连驻守在镇内一个骡马店里，第二连驻守河东岸的黄家砭，第三连驻守在离太白镇几十里外的林锦庙，兵力比较分散，便于各个击破。为了麻痹、迷惑敌人，同时也为了进一步了解敌人情况，刘志丹安排队伍连续两天分头与民团军第二十四营官兵开展官对官、兵对兵的"交朋友"活动。30日晚，刘志丹详细分析了两天来掌握的情报，认为敌众我寡，宜斗智不宜斗力，宜速战不宜持久。他果断决定分头行动，智取强敌：由自己和杨树荣出面，以商筹粮草为由去找黄毓麟、王凤珠，伺机活捉，迫其令部队缴械，如若不成，就打死这两个反动军官；由卢仲祥负责带10余名战士与敌第一连官兵在李绪增烧酒坊"联欢"，伺机收枪，消灭敌人；由刘约三和魏佑民率领骑兵在河边监视驻河东岸黄家砭敌第二连的动向。

10月1日早晨，刘志丹、杨树荣按照作战计划，来到敌副营长王凤珠的住处"商借粮草"，王凤珠即刻派人请来黄毓麟商议此事。结果，两名反动军官当即被刘志丹、杨树荣双双击毙。这时，在李绪增烧酒作坊里，卢仲祥等同志已将敌第一连的官兵用酒灌得东倒西歪。卢仲祥听到枪声，把酒壶一丢，大喊一声："缴枪不杀！"10余名战士把枪口一齐对准了敌人，除敌连长企图顽抗被击毙外，敌第一连的其余官兵乖乖当了俘虏。黄家砭的敌第二连，听到枪声，都冲出来向山上逃跑，卢仲祥、刘约三、魏佑民立即率领20余名骑兵，勇猛追击，打垮了敌第二连，又缴获了一些马匹、枪支。中午时分，太白战斗胜利结束。刘志丹召开群众大会，宣布了黄毓麟、王凤珠及陇东民团军第二十四营的罪恶。广大群众听到平时骑在他们头上作威作福的匪军已被消灭，欣喜万分。当刘志丹率队离开太白镇时，镇里的男女老幼欢天喜地齐来送行。当天夜晚，刘志丹率部奔袭林锦庙，途中又巧妙活捉了林锦庙的敌第三连连长马建有。二更时分，队伍包围了林锦庙之敌，迫令敌第三连交出了全部枪支和马匹。至此，作恶多端的陇东民团军第二十四营被全部消灭。

太白起义打响了共产党人在陇东地区反抗国民党反动军阀的第一枪，击毙敌营长黄毓麟以下10余人，歼敌数百人，缴获长短枪50余支、骡马10余匹。这次起义后，刘志丹很快组建起了一支400余人的游击队，在陕甘边界地区开展游击活动。从此以后，西北红军开始了艰苦卓绝的开创陕甘苏区的斗争。

（三）

太白收枪后，刘志丹利用既得的武器，建立了一支有400多人的游击队，群众称他们是“刘志丹游击队”或“革命军”。刘志丹把人员分成三部分：赵连壁带一部分在太白活动，同守孝带一部分在华池县南梁（当时属庆阳县）活动，刘志丹自带一部分在保安、安塞边界打游击。两个月内，刘志丹游击队就扩充到150余人。他们先后消灭了黄毓麟民团残部和庆阳、合水、保安、安塞的一些民团，打了一些土豪。由于声势渐大，引起了反动军阀的注意，在保安县境内受到敌高双城部高雨亭营的“围剿”。1931年2月，刘志丹率部向陇东转移，在合水固城川与赵连壁、同守孝会合，贾生财也从陇东民团拉出40多人前来参加。之后，在固城麻峪村进行了整编，游击队共编4个连，卢仲祥、同守孝、赵连壁、贾生财分任连长，刘志丹任游击队总指挥。部队整编后，向南行至宁县盘克张皮原，被陈硅璋部谢牛（谢绍安）骑兵旅包围，恶战一场，损失严重，一连长卢仲祥阵亡，三、四连被打散，同守孝、赵连壁又折回南梁、太白一带，刘志丹带一部分骨干力量突围到宁县麻子掌。为了保存力量，刘志丹又通过已只身逃出的马锡五等与苏雨生部联合，部队被编为陕西警备骑兵旅补充团，刘志丹任团长，马锡五任军需官，驻防陕西织田镇。在织田，因打土豪，刘志丹被产生疑心的苏雨生下狱。经党组织营救获释后，他按陕西省委指示，又通过陈硅璋的警卫团团长刘宝堂引荐，打入平凉陈硅璋部，任暂编十三师直辖十一旅旅长，驻防宁县。他自带100余人驻早胜镇，其任务是协助投靠陈硅璋的河套土匪高广仁部（十三旅）阻击苏雨生。

1931年8月，刘志丹在早胜遭到已与苏雨生勾结的高广仁的袭击并被扣押。高广仁被陈硅璋部蒋云台第五旅击溃后，刘志丹又被裹挟到合水。

他趁夜间大雨逃脱了。

南梁根据地

（一）

陕西和甘肃两省的边界上，横亘着一条南北走向的大山脉，这里世代兵匪如毛。山的中段，有一条很大的梁，在清朝年间有几户大财主强迫老百姓在这里修筑起了险要而巨大的堡子，人们管这叫“南梁堡”。这里地理位置十分险要，是积粮屯兵的理想之地。经过多日对这里的地形考察，刘志丹决定在这里建立南梁根据地。他的结论是：南梁地处陕甘交界，地方偏僻，统治力量薄弱，有利于革命力量的发展壮大。这里土地兼并极其严重，大量集中在地主手中，劳动人民深受压迫剥削，有着极其强烈的土地要求和革命愿望，具备建立革命根据地的群众基础。自然资源丰富，有利于屯兵养马，积蓄革命力量。山大沟深，森林连绵数百里，有险可依，有利于机动作战，所以是建立根据地的理想之地。

刘志丹带着他的战友马锡五来到他以前住过的刘大娘这里。刘大娘一看是刘志丹，忙放下手里的针线，满面笑容地说：“老刘啊，是什么风把你给吹来了?”忙招待刘志丹和马锡五坐在炕上，又抱柴生火烧开水。她见刘志丹的鞋袜烂得露出脚趾头，衣服被树杈挂得开了花，就让他脱下来，叫儿媳妇缝补。看见刘志丹黑瘦的脸庞，深陷的眼窝，刘大娘心疼得不得了，忙放下枕头，让他们睡觉。说:“你们跑累了，先休息一会，我给你们做饭吃。”

刘志丹和马锡五确实累坏了，一个多月翻山越岭，可想而知，所以刚刚躺下一会儿就呼呼入睡了。刘大娘看着进入梦乡的刘志丹和马锡五，心里又高兴又着急，为什么呢?因为家里除了一些小米之外什么也没有，给老刘他们做什么饭好呢?儿媳也着急地说:“是啊，他们整天在外跑，多辛苦，不给他们做点好吃的，心里真是过意不去啊，可就是一点面也没有呀。”

“要不出去借点?”儿媳问。

“到谁家借啊?我知道咱们庄上谁家都没面了。”刘大娘说。

忽然她想起自己家脑畔峁上种的荞麦，昨天见已经八成熟了，大娘心里有了主意。她对儿媳说:“快去烧火做饭吧，把干蘑菇多放一点，把汤做得好好的。”

说完拿着镰刀、绳子出去了。

儿媳刚把汤做好，刘大娘就满脸大汗地背着一捆荞麦回来了。婆媳俩赶忙用手搓，用棍子锤。刚八成熟的荞麦特别不好弄，累得二人满身大汗，把手都搓红了，才好不容易弄了一簸箕，然后在锅里炒干，用碗在案板上压碎，用箩子过成面粉，就这样好不容易才弄了几碗荞面粉。

这时刘志丹醒了。刘大娘招呼说:“快起来洗把脸，大娘给你做你喜欢的荞麦面。”

刘志丹和马锡五各端起一碗，吃了一口，问道:“大娘，你家的荞面怎么这么新鲜好吃?”马锡五也接着说:“好像不是陈荞面?”

刘大娘听人家夸她做的荞面香，心里美滋滋的："你们别问了，好好吃饭，锅里还有好多呢。"

可是刘志丹就是不吃，呆呆地冲着碗发愣，不知想什么。刘大娘便催促说："老刘，快吃啊，不然凉了就不好吃了。"

"刘大娘，你这荞麦面到底是从哪里弄来的?"刘志丹就是不动筷子。

刘大娘笑着说："不瞒你们说，家里哪还有去年的荞麦呢？这是我刚从荞麦地割了一些八成熟的麦子，刚刚压碎剁成面条让你们尝尝鲜。你说得对，陈荞麦面确实不会有这么香的。"

刘志丹和马锡五听后不由大吃一惊，感激和不安的心情使他俩实在难以下咽，眼泪在刘志丹的眼里打转。多么善良、胜似亲人的老乡啊！刘志丹激动地说："老人家，让我们怎么来报答呢?"

刘大娘说："这有啥，只要你们闹红军成了事，我们穷人就是把心窝子掏出来也舍得。"她双手把碗硬是递到刘志丹和马锡五的手里说："我让你们吃就吃，不然大娘就不高兴了。对了，咱们队伍什么时候才能再来呀。"

刘志丹坚定地说："很快就会来的，来后一定把那些地主老财全都打倒，让咱们穷人过上好日子。"

刘志丹不由得又对马锡五说："南梁的人们就是这样，真心真意拥护我们革命，就是这样把自己的命运和我们的事业紧紧联系在一起，我们没有理由、也不可能拉不出一支像样的队伍，为了这些受苦受罪的穷人，和土匪恶霸进行斗争。"

吃过老乡的饭，刘志丹和马锡五感到，他们吃的不仅是两碗荞麦面，体验的都是老百姓一片赤诚和满怀渴望与寄托的心。他们把两块袁大头悄悄压在大娘的炕席下，告别婆媳二人，顺着平定川向稻水湾奔去。

（二）

刘志丹决心在南梁干一番事业。

在刘志丹的领导下，在南梁一带活动的杨丕胜、赵二娃、贾生财的三支武装在稻水湾会合，进行整编，建立了陕甘边界第一支不依附于任何人的独立革命武装。当时这支部队尚无正式名称，因活动在南梁地区，老百姓习惯上称之为南梁游击队。共约500人，刘志丹任总指挥。

经过一番艰难和困苦之后，刘志丹决定先带队伍休整两天，迎接杨棋的队伍一同到南梁。

忽然，侦察员报告：张廷芝骑兵由北面来到二将川，黄慕石队伍由南面来到大凤川。

黄慕石干了半辈子暗探，最狡猾毒辣，打听出刘志丹在稻水湾集结队伍，姜海银也投了他，便勾结张廷芝来“围剿”。

刘志丹想：在梢山里可没你们占的便宜。他马上布置阎小盛带二大队去牵制张廷芝，赵宝魁、姜海银的一、三大队对付黄慕石。

已到了深秋时分，细雨连绵，四下阴云低垂，寒风飒飒，战士们冒雨行路，淋得透湿，离二将川不远，天黑下来，找了个村子住下，生火烤衣裳。

院里有人叫道：“抓住个探子！”

小盛忙喊：“带过来！”

那人叫起来：“我是路过。”

小盛借灯光一看，原来是葛明山。

明山高兴地骂道：“你是啥队长，连我也抓，咋日鬼的！”

小盛笑着：“你怎么跑这儿来了？”

明山："先给我弄碗饭吃。"

小盛对哨兵笑着说："你们可真没有眼力，张廷芝还没打上，倒抓了个二猫子，还得管饭吃。"

大家都笑了。

原来，葛明山去四川扩兵。听说张廷芝队伍开到二将川，猜到必定有鬼，就来打探。

正说着，侦察员回报来了：张廷芝带狗腿子蔺士殿，领着骑兵来了。

阎小盛把队伍埋伏在梢林里，拉上葛明山跑到小山包上观察敌情。果然，蔺士殿带着100多人，从北面大模大样地过来了。那家活不知这里有游击队，连个尖兵也不派。

小盛对明山说："把这些马夺来才好哩！"灵机一动，想出个办法，叫一个中队诱敌追击，自己带一个中队埋伏下来，准备夺马。

蔺士殿一队人马，都斜挎着枪，嘻嘻哈哈，扯开嗓门唱着下流小调。忽听见前面山坡上，"叭叭"两声枪响。有人闭着眼就喊："肯定是刘志丹的人！"

蔺士殿忙叫去追。那伙人顺着山城，都上了山峁。坡上长满葛针，马进不去。蔺士殿叫道："下马去追，不要叫他们跑了。"

一时他们都下了马，交几个人把马牵上。

小盛见敌人追远了，跳起来打了个呼哨，战士们一拥而上，夺了马，守马匪徒慌了手脚，乱放两枪，急忙逃命。

蔺士殿听见山下枪响，知道中了计，忙吩咐手下人往回跑。

山上的游击队返身追下来。匪徒们连滚带爬，窜进北沟，又被小盛的骑兵冲得七零八落。

张廷芝折腾了一阵，无心作战，连夜退回老窝，游击队趁势进入二将川。

明山夺了匹小青马，当下辞了小盛回稻水湾报信。一进村见一群人拥着赵宝魁正说笑得热闹。原来，这边的黄慕石，拉上合水民团打头阵，宝魁给他下了埋伏，打死 8 个，活捉 30 多个，收了 30 多支枪。

刘志丹一听，说："今天好好庆祝庆祝，去年这时候，咱们消灭了'黄儿子'。今年这时候，打了两个胜仗。"

正张罗着要会餐哩，忽然，刘志丹的表哥王兆从人堆里挤进来，掏出封信递给刘志丹。刘志丹看着，兴奋得满脸放光。举着信告诉大家："同志们，又有好消息了。晋西游击队失败后，有 27 个人过了黄河，他们和商贩队合起来，编成个大队。因为商贩队的大头目姓史，就叫'史大队'。史大队已到了保安，马上就要和咱们会合了。这是共产党领导的……"后边的话早已被欢呼声淹没了。

晋西游击队一来，先到了特委。

晚上，在一个土坎上，马文瑞代表陕北特委向晋西游击队负责人介绍了陕北情况。

在马文瑞的建议下，阎红彦、师储杰、杨棋、杨仲远等人研究决定，将晋西游击队和保安游击队两家统一指挥，并改名"陕北独立支队。"

在此期间，谢子长受特委指示，在宁夏、兰州一带搞兵运，没有固定地点；刘志丹正在南梁发动群众，组织武装。

阎红彦最后站起来宣布："会就开到这里，现在大家分头准备，即日南下。"

（三）

南梁的刘志丹正派了几个人去找阎红彦、吴岱峰他们。

随即，刘志丹又给商贩队的领导人师储杰写好了信，请他们到南梁会合。再派人送信给赵羔子、白文秀、高华生，请他们给军队弄些粮草，递送消息。回头去叫葛明山同志和阎小盛，也到南梁等候。

刘志丹带着队伍，一直来到南梁堡北边的玉皇庙川等着欢迎。

只见迎面过来了五六个人，刘志丹猜是“史大队”的。紧往前赶了两步，最前面的是位中等个头，圆脸大眼的人，刘志丹认出是杨仲远。以前他也在国民军中工作过。

两人多年不见，格外亲热。刘志丹紧紧地握着仲远的手，说：“你们辛苦了！”

仲远笑道：“大家都一样嘛！”

没等仲远介绍，刘志丹一把又拉着一个留着小胡子、短下巴颏的人说：“这是杨棋同志吧！”

杨棋上去拉着刘志丹的手：“咱们没见过面，可是早就熟了。整个陕北谁人不知刘志丹，连国民党也得借高额大价买你这个‘神宝’呢！”

杨仲远原来是个老党员，在国民党军队中做过兵运工作，后来组织一部分人起义，成立了一支军队。失败后，又参加晋西游击队。这支队伍，是山西省委组织起来的，本来在吕梁上打游击，因为敌人重兵“围剿”，打得只剩下30多人，弹尽粮绝，无法坚持，才乘羊皮筏子西渡黄河，到达陕北，最后只剩下27人，由杨仲远负责。经过陕北特委的关系，和老史、杨棋的商贩队合兵一处，特委又派了些人进去，队伍已发展到二三百人，来南梁找到刘志丹会合。

刘志丹听后心里激动，猛想起一年前派来联系的那个年轻人，杨棋的侄子杨可箴。便悄悄问杨棋：“可箴怎么没来？”

杨棋叹口气，说：“这孩子在雁门关战斗中牺牲了。”

刘志丹不无感慨：“太可惜了！”

忽然，一阵锣鼓喧天，一个老汉带着一群青年后生，扭扭搭搭过来了，一边敲打小锣小鼓，一边唱着自编的歌。

这是南梁附近的农民前来庆贺游击队会合的。

晋西的人说：“陕甘边界老百姓真好!”

刘志丹也自豪地说：“把土匪、民团一扫清，这里就可以成为陕甘根据地的基础。”

早有几个年轻的战士已夹进了扭动的队伍里，又笑又舞。

会唱歌的姑娘又唱起了信天游——

拴马桩上拴红马，
当红军的哥哥到我家，
葱花花来油点点，
当红军的哥哥吃了上前线……

(四)

谢子长到达南梁后，和刘志丹、杨仲远商议后，首先成立了新的队委会，根据中共陕西省委的指示：谢子长任书记，刘志丹、阎红彦、杨仲远、胡庭俊、白锡林、党永亮等人为委员。

紧接着，他们就召开了队党委扩大会。

会上，他们分析了当前的形势以及今后的行动安排。

谢子长说：“‘九·一八’事变后，国内形势发生了极大的变化。日本帝国主义侵占了东北，蒋介石采取不抵抗政策。中国共产党号召全国人民武装起来，进行民族革命战争。为了适应这个形势，省委指示我们必须整顿部队，高举红旗，建立一支党领导的工农红军，开辟渭北和陕北苏区。我认为这个指示是非常正确的。从1928年秋开始，我们曾多次在地方民团和军阀部队中搞兵运，但都失败了。实践证明：我们要利用敌人，敌人也在利用我们。敌人只是在一定的限度和条件下允许我们的存在，一旦超过了这个限度和条件，他们就要缴我们的枪，杀我们的人。他们决不允许我们‘借’他们的‘水’，养我们自己的‘鱼’。因此，我们必须建立一支独立的、完全由我们党掌握的自己的革命武装。目前，西北地区军阀山头林立、矛盾重重，他们各自为政，相互并吞。特别是‘九·一八’事变后，抗日反蒋高潮兴起，为我们建立和发展革命武装提供了有利的条件。我们要抓紧这个时机，在陕甘正式成立中国工农红军。西北，特别是陕北和渭北一带，从大革命以来党在群众中就有了较为坚实的基础。”谢子长越说情绪越亢奋。

刘志丹站起来说：“毛泽东、朱德同志在井冈山的胜利，充分证明了建立革命根据地的重要性。南梁地区地处陕甘两省交界处，不但敌人统治力量薄弱，而且地域开阔、山大林深，便于迂回。因此，我们应以南梁地区为根据地，以晋西游击队为基础，建立中国工农红军陕甘游击队，高举红旗，开展游击战争。为了实现成立中国工农红军的任务，我们的部队必须首先进行整训。”

“是啊，”谢子长接着又讲道：“我们的部队成分复杂、纪律松懈，这是不能适应革命形势的需要的，必须进行整顿。相信经过整顿，我们的队伍一定能够迅速地发展壮大起来……”

队委会决定从各队抽出 12 人，组成一个支队，由阎红彦任队长，到乔山北段陕甘宁交界的曲子、环县、定边一带开展游击战争。谢子长率领部队进驻庆阳县的新堡，一边整训部队，一边开展群众工作。

11 月 20 日，部队到达宁县柴桥子，12 月底正式成立西北抗日反帝同盟军。谢子长任总指挥，刘志丹任副总指挥，杨仲远任参谋长，马云泽任经济处主任。

灵活机动的游击队

（一）

陕甘高原的冬天，天气异常寒冷，万木萧条。刘志丹带领游击队经常行军爬山，和敌人在森林里周旋，很多时候遇不到村庄，连饭也吃不上，只能摘树上的野果充饥，常吃会闹肚子，但这样的野果也越来越少。尽管生活上很艰苦，但大家的情绪很高。有一次，部队断粮已两天了，刘志丹派马锡五到山下去买小米，刘志丹则留在破窑洞里教大家学习文化。

这一带老百姓在国民党反动派的压迫下，在地主老财的剥削下，日子过得十分艰难，但他们一听红军游击队来买粮，就你家一升他家一升凑了几布袋小米。马锡五和几个队员高高兴兴地背着小米刚出了村往回走，就被敌人的两个暗探发现了。他们急忙进沟上山，但两个暗探却远远地跟踪而至。他们抄近道赶回营地，喘息不定地告诉刘志丹："老刘，快转移吧，敌人的暗探把我们盯上了。"

刘志丹听完汇报，马上让大家兵分两路，约定会合地点，就转移了。刘志丹带着30个队员翻山越岭，一路跋涉，到太阳落山时，才在一个石岩底下停下来。刘志丹决定就在此地宿营。

看到战友们又饿又累的样子，刘志丹就招呼大家吃饭，可这饭怎么吃呢？一没锅二没灶，附近也没有村庄。

刘志丹带着神秘的样子，笑着说："有锅啊，你们就背着几口锅呀！"大家一下子全愣了，因为这么多人中除了几个人身上背着几布袋小米之外，根本不可能有锅的。刘志丹说："你们快到林子里捡些干柴回来，我给大家做小米干饭吃。"

刘志丹的饭究竟怎么做呢？

刘志丹提着布袋，走到山泉跟前，把米布袋放到水里，反复泡来泡去，泡了好一会儿，才捞出来提着回到宿营地。他拿起刺刀在地上挖了一个土坑，这时队员们抱着一捆捆的干柴也都回来了，他就把泡好的米袋放进去，然后又把米袋埋起来，指挥战友在土坑上面点燃一堆火，队员围坐在火堆旁，边聊天，边拨弄着火堆，向火上加干柴。

一个小战士很聪明，抱了一些小石头，放在火堆旁边烤着，嘴里哼着民歌："我们当红军，为救受苦人，不怕太辛苦，革命保成功！"他把烤得热乎乎的石头送给战友们取暖。

就这样，大家心中怀着坚定的革命信念，听着刘志丹给大家读毛泽东写的《井冈山的斗争》，眼看着熊熊的篝火越烧越旺，驱散了黑暗，把宿营地照得亮亮堂堂。

刘志丹估计时间差不多了，就把米袋挖了出来，原来的半布袋小米，变成满满的、胖鼓鼓的一布袋啦。把口子一解，一股扑鼻的小米干饭味香气四溢。

队员们看着热气腾腾的小米干饭，惊喜地叫起来："咱们的老刘真行，用布袋还能做干饭。"队员们吃着用布袋子做的干饭，比用锅做的干饭还香。刘志丹说："这些小米是穷苦的老百姓们一升一碗凑起来的，他们恨不得把心掏出来拥护我们，你们说，这饭能不香吗?"

听了刘志丹的话，队员们胸中激情澎湃：是啊，游击队的生活是艰苦的，但这是为了受苦人的翻身。老百姓把我们当亲人，就是盼着闹革命成功，为了这，我们再苦再累也值得啊！

夜深了，游击队员围着火堆，互相依偎，渐渐进入梦乡。

翌日，天将拂晓，刘志丹带着游击队员，迎着东方的朝霞，精神抖擞地出发了。

（二）

刘志丹带领队员打富济贫得到了老百姓的热烈拥护，许多受苦人纷纷带着大刀长矛上山投靠游击队去了。关于刘志丹的传说也越来越神，甚至说刘志丹是李闯王再世，是神仙下凡，能撒豆成兵，且刀枪不入。实际上呢？新参加进来的游击队员都拿些大刀长矛，队伍里的枪支大都是破旧的，并且子弹少得可怜，每枝枪只有三颗子弹。队员们把子弹看得比金子还贵重。别看队员们的子弹袋都装得满满的，实际上都是些高粱秆，切成子弹那么长的节子。每次打完仗都要把子弹壳拾回来，有时还要把打出去的子弹头找回来。他们把这些子弹壳的火帽冲起来，放上火柴头，装上土制的火药，把挖回来的弹头再按上，就是一颗新"出产"的子弹了。

可是这样的子弹造法，一天最多才能造三四颗，把手都会磨破了。是啊，要把手指头粗的一截铁棍，磨成毛笔头似的一个子弹头多么不容易！刘志丹一直想着这个问题。一天，他从外边侦察敌情回来，想好了一个向敌人借子弹头的办法。这个办法完全是受诸葛亮草船借箭的启发。

刘志丹开会布置大伙儿扎制10个草人，而且要穿上游击队员的衣服，装扮得和游击队员一样。队员们心里奇怪着，说笑着，猜测着扎制草人的用意。两天以后，10个草人扎制成功，有的拢着羊肚子手巾，有的戴着军帽，有的握着木刀，有的端着木枪，个个都能以假乱真，就像真的游击队员一样。

这天晚上，月亮弯弯，夜风习习，刘志丹带着游击队员扛着草人下山了。他们把10个草人布置在一个名叫刘家寨的庄子后沟的山坡上。坡上地形复杂，荒草齐腰，还有稀稀拉拉的树林，这是刘志丹在前几天选好的地形。

离这儿五里路的一个山寨上，住着一排白匪军，有30多人，30多条枪，其中还有一挺机关枪。这伙害人虫仗着自己有枪不可一世，根本不把游击队放在眼里。头领叫“歪脖”，抽大烟抽得脑袋干得像块山药。这家伙坏得要命，经常带着匪兵，到村里抓鸡摸狗，奸淫妇女，村里人对他恨之入骨。

这天早晨，一个农民跑来向他报告：“刘志丹带着游击队到我们村里来了。”

“什么时候来的？”歪脖吃惊地问。

“吃早饭的时候。”

“多少人？”

“10个人，拿着5条枪，5把大刀。”

“你说的是真的吗？”

“老总我哪敢骗你，确实是真的。”

歪脖一听，留下一个班守寨子，带上两个就直向刘家寨扑去。在刘家寨里等候的刘志丹一看白匪上钩了，急忙向后沟里跑去。歪脖一看游击队“狼狈”而逃，心中大喜，紧追不放，拉着破嗓子喊：“弟兄们，抓住一个游击队赏给袁大头20块！”

歪脖子追到山坡前不见了游击队，匪兵们东瞅西看，发现山坡上的草丛里有游击队在走，仔细一看，一、二、三……不多不少，正好是10个游击队员，5个端枪，5个拿着刀。歪脖还暗自高兴："游击队今天就是插上翅膀也别想逃出我的手心。"于是，他马上命令匪兵们开枪射击，结果发现这"十个游击队员"没有任何反应，就吃惊叫道："游击队真的枪打不入吗？我就不信这个邪，狠狠地打！"

又打了好一通，匪军们叫道："子弹打光了。"

歪脖说："游击队枪打不入，就用刺刀往里捅！"

匪兵们在歪脖的手枪威逼之下，只好无可奈何又战战兢兢地向"游击队员"爬去，突然飞来两颗子弹，吓得他们都趴在地上不敢动弹了。紧跟着，四面山上喊声雷动，满山遍野都是挥舞着木棍、铁锨的人群，喊着"缴枪不杀"向匪军冲来。

歪脖颤抖地说："完蛋了，刘志丹真的能撒豆成兵，我们完了！"刘志丹带着游击队如同从天而降，突然间，把枪对准了一个个呆若木鸡的匪军。

战斗结束了，群众都非常高兴，纷纷帮助游击队打扫战场，寻找弹壳，挖子弹头。不一会儿，就拾回许多弹壳，挖到了七八百个子弹头，大家开心极了。留在寨子上的那班匪军，听到歪脖当了俘虏，便慌慌张张地逃跑了。

（三）

秋去冬来，大雁南飞。在南梁堡子的深山里，建立了革命根据地的红军战士们这时还都穿着单衣，脚上穿着破麻鞋，一早一晚，实在是难以御寒。

刘志丹为了解决红军的棉衣问题，真是想尽办法，费尽心机。

一天派出去的侦察员回来报告说，在三百多里外的曲子县城，国民党反动派和曲子县政府，在那里囤集了一批棉布棉花，还有几百套棉衣，只有一排国民党军和一百多人的保安队看守着。刘志丹得到这一消息心中大喜，决定亲自率领部队进行长途奔袭，来个出奇制胜，飞兵取棉衣。

目标决定后，刘志丹先派出几个侦察人员化装成商人模样来到曲子县城，做好准备工作。然后，刘志丹挑选了一百多匹好马，一百多名勇敢机智的红军战士，在这天鸡叫两遍时出发了。这条道刘志丹是非常熟悉的，他在搞兵运活动时，曾多次扮装过商人到曲子城搞活动。

红彤彤的太阳普照着大地。中午时分，已走了一半路程了。刘志丹看了看太阳，看了看疲惫的战马和乏困的战士，便说："同志们，现在休息，把马都喂在树林里，人到庄上喝水、吃干粮。"

刘志丹带着战士们进庄，在老百姓家烧了一大锅开水，每人喝了几碗，简单吃了些干粮，又饮好了马，便又匆匆出发了。到半夜时分到达离曲子城 30 里路的地方，刘志丹命令下马，拉着马慢步前进。开始降霜了，河滩上、沟湾里，到处是一层白花花的冰霜，身穿单衣的战士们感觉特别寒冷，不由加快脚步，靠行走御寒。前几天派出去的侦察员前来报告说，一切都布置好了，城里的敌人做梦也不会想到游击队能以这么快的速度来到这里。天色开始渐渐亮起来，侦察员引着大家来到离城不远的客店里。刘志丹从客店里拉出一批骆驼。大家都扮成骆驼客，几十个驼铃在清晨里叮咚作响，甚是惹人注目。这样一路行来，到了城门下，哨兵一看是骆驼队，心想有油水可捞，就争着下去开城门。城门打开了，两个哨兵抢着向"骆驼客"要钱，刚一伸手，就被红军战士给干掉了。刘志丹一挥手，十几个红军战士冲上城门把守城门的一班敌人给活捉了。

刘志丹一看城门已经拿下，便将骆驼交还原主，然后指挥战士直向敌人的驻地冲去。这时，县长还在被窝里呢。看到刘志丹等人冲到院子里，他马上顺着卧室里的一条暗道逃跑了。所有的敌人都被俘虏了。胡子拉碴的敌排长胆怯地问：“你们是从南梁飞来的吧。”刘志丹轻蔑地笑了一下说：“我们就是飞来的，红军能日行千里夜行八百，南梁到这里，抬脚就到。”俘虏们更加佩服：“哎呀，怪不得大家都说他们能够腾云驾雾，还真有这事。”刘志丹看着这群愚昧无知的人说：“红军宽大俘虏，你们愿意干的跟我走，不愿意干的发给路费，放你们回去。”

这一仗打得干净利索，俘虏敌人100名，缴获枪支100支，子弹几十箱，从库房里又搬出一捆捆的棉衣、棉布、棉花，还有许多其他的物资和药品。曲子城沸腾了，大家欢天喜地，把这一喜讯奔走相告。刘志丹等吃过早饭，处理完俘虏，把粮仓里的粮食分给穷人之后，就带着红军战士和缴获的棉衣及有用物资，奔南梁堡子去了。

面对曲折

（一）

1932年12月上旬，分散在各路的游击队在合水县黑幕原地区会合，已有五百余人。这时，根据中央北方会议的决定，省委指示游击队开往宜君转角镇整编，准备成立中国工农红军第二十六军。

游击队来到转角镇的第三天，一个穿长衫的青年人就出现在狭窄的镇街上。他在游击队战士住的房子里出出进进，找这个谈话找那个谈话，显得十分活跃。

他就是陕西省委书记杜衡，他此时是以中央特派员身份来到部队的。他的到来，给这支脆弱的红军游击队酿成了一场灾难。

12月22日，杜衡在宜君杨家店召开党员大会，对游击队一年来的工作横加指责，说刘志丹、谢子长、阎红彦、杨重远等“有反革命阴谋”，攻击他们的正确主张是“游击主义”、“梢山主义”、“土匪路线”、“右倾机会主义”等等，当场宣布撤销了谢子长、刘志丹、阎红彦等的领导职务。强令谢子长、阎红彦去上海临时中央

"受训"。

24日，杜衡在转角镇召开军人大会，宣布中国工农红军陕甘游击队正式改编为红军第二十六军第二团（当时只有这一个团），杜衡自任军、团两级政委，团长由战士选出的王世泰担任。

杜衡知道自己不懂军事，王世泰又太年轻，把刘志丹留下了，但不分配重要工作。刘志丹不计个人得失，仍积极协助王世泰工作。由于军事决定权掌握在一意孤行、一味蛮干的杜衡手中，红二十六军成立仅半年时间几乎就被搞垮了。

历史竟是如此巧合，渭华起义失败五年之后，杜衡又将目光投向了渭华。

本来红二十六军成立之后，就决定建立以耀县照金地区为中心的根据地。照金是陕甘与渭北游击队的老游击区，群众基础好，当地虽有几个民团，但人数不多，居住分散，其中一些民团还与红军订有友好协定；加之习仲勋、李妙斋率领的游击队一直在此活动，红二十六军成立不久，又正式成立了中共陕甘边特委和陕甘边革命委员会。只要路线政策正确，在这里是可以坚持的。但杜衡坚持推行"左"倾错误，只知斗争，不搞联合。当时白军不少军官倾向革命，有些本身就是共产党员或进步分子，和红军联系密切，送枪支弹药给红军。杜衡就骂红军干部是军阀。甚至要进攻与红军有友好协定的民团，使周围民团联合起来反对红军。后来烧了香火很旺的香山寺，惹得几百个和尚也成了红军的对头。敌人越打越多，根据地越打越小，只剩下照金中心的薛家寨，孤零零地处在敌人的四面包围之中，闹得伤员无处安置，粮食无人供应，情况十分困难。

面对艰难曲折，刘志丹依然竭尽全力地做着各种细致的工作。

（二）

这几天时间，在耀县的照金地区流行一种叫"虎列拉"的病，人只要染上，便上吐下泻，顷刻之间就可能丧命。由于无力遏制这种病的蔓延，老百姓纷纷传说："天降大灾，要人发瘟。"许多人开始求神拜佛，企图通过这些方法来改变现状，这对刚刚建立起来不久的根据地来说，是一件非常危险的事。

当时，刘志丹在根据地的军权被张金所得，张金是由排斥刘志丹、谢子长的省委书记杜衡委派的。张金是一个不懂军事尤其不懂游击战争的赵括式人物，整天纸上谈兵，和当地百姓保持上、下级很远的距离，官架十足，对刘志丹采取排挤的态度。老百姓和广大官兵都听刘志丹的，把他当成实际意义上的领导，和张金不配合。可刘志丹为了革命的胜利顾全大局，服从陕西省委的安排，不计较个人的委屈，处处维护张金的领导。

但是在这场瘟疫威胁着照金地区老百姓的生命安危，而且在两名战士也被染上这种病很快丧命的情况下，张金决定抛弃给予红军大力支持的老区人民，命令红军迅速转移。

这时刘志丹实在看不下去了，便劝阻道："这里的百姓和红军生死相依，患难与共，百姓有难，哪能撇下不管呢？只要抓紧时间，组织人力抢救，把农村的中医请出来，把草药利用起来，就一定能扑灭'虎列拉'。"

结果，张金回省委请示去了，实际上是临阵脱逃了。刘志丹开始了紧张的工作。同是红军，为什么张金会这样做呢？其实像张金这样的人出现，在中国革命进程中并不是新鲜事，当时全国的根据地还很少，大家闹革命的目的和动机是不一样的，有一小部分人，他们为自己打算得多，为事业打算得少，满脑子是权利欲望，借路线斗争打击排挤同志。如果这些人掌握了一个地区的实权，那对革命的危害在某种程度上要远远大于敌人的威胁。事实上，在艰苦卓绝的革命斗争中，有不少烈士没有死于敌人的屠刀下，没有死在战场上，而是被内部一小撮别有用心的人给暗杀的。而在刘志丹革命生涯中，他也曾不止一次被委屈，被关押，被误解，被不信任过。

张金拍屁股走了，刘志丹尽管被压抑被排挤，但在这个时候，他不能再顾忌张金的作派，而果断命令战士把病死者的尸体都深埋了，并请村里有名望的中医喜堂大爷把挖了几年的药材全都拿出来，熬了几大锅草药，一人喝一碗做预防。

喜堂老汉说：“老刘啊，就你心里惦记着咱老百姓，有话呢，我也只对你说，这‘虎列拉’是从香山寺传染出来的，是香山寺的菩萨在害人哩！百姓有点小病就找菩萨求神水，喝了神水就患‘虎列拉’，你们派人快把菩萨打了吧。”

刘志丹说：“得先调查调查。”于是就请喜堂老人带路，穿过森林，走了15里山路来到了山势雄伟的香山寺。这里的主神是真身菩萨，就是《唐王拜真女》一出戏中的唐王公主。

走了大约二里长黑洞洞的弯曲的山洞，才见到了真身菩萨。只见一盏小油灯照亮下，一个玻璃罩子里有一个泥塑的裸体少女像，而且是偏坐着，前面有几个善男信女长跪祷拜。小和尚在旁边给讲述了这个菩萨的来历及其偏坐的原因。传说她原是唐朝皇帝的公主，要修炼成仙，父王不许，她一生气，就跑到这座山上，带着真体修成了神仙。后来父皇得病，请遍名医都不能医好，就到这里求菩萨给药，结果吃了就好了，唐王就重新给修了寺院，但不知道这里就是他的公主，就在龙体康复后前来还愿，拜菩萨往下跪的时候，菩萨见父王下跪忙起身要躲，身子一扭，就成了这个偏坐的真身菩萨了。

刘志丹问在旁守像的小和尚：“如真像你说的那么灵，为什么陕西连年大旱百姓饿死上万，菩萨却不显灵呢？”小和尚无以回答。

刘志丹想：这个泥土像不知害了多少穷苦的老百姓，这个东西必须得打倒，可是破除封建迷信又不是一日之功，泥像是群众塑的，到头来还得群众自己把它打倒才行。然后，小和尚引志丹和喜堂老汉来到产“圣水”的地方。原来就是一个混浊的小水潭，里面许多小虫在爬，看看都让人恶心，不用说喝了。这里的水是从它上面的石缝里流下来的雨水，这显而易见，而寺里的和尚偏把它称为圣水，还一块钱一小碗卖给人喝。试想，喝了这样不卫生的水，能不得病吗？刘志丹问小和尚：“你们其中的小和尚，也有闹‘虎列拉’的，也喝这里的水吗？”小和尚说：“不喝。”于是刘志丹回来就叫人把这个洞给封了，并教育大家不要迷信而要相信科学，只有用科学的方法才能医治好病。

同时，刘志丹带人再一次来到寺里对众僧讲，要从事正常的宗教活动，红军保护宗教信仰自由，但不允许从事不正当的活动，像这种愚弄百姓赚取钱财的行径是绝对不允许的。过了几天，“虎列拉”病终于被扑灭了，部队和群众的情绪也都稳定下来了。

其实这个香山寺，里面的和尚组成成分非常复杂，有穷人家的子弟，也有官僚政客、仕途失意的人到这里来享清福，更有一些心地不纯的人，靠所谓“化缘”从老百姓那里弄来大量的粮食、布匹、金银珠宝，依靠迷信来欺负善良而愚昧的百姓。在后来的日子里，刘志丹曾用办法向香山寺巧“借”粮，帮助部队和百姓度过饥荒，这是另外一段话了。扑灭“虎列拉”这件事，使这里老百姓的觉悟得以提高，使他们破除了封建迷信，相信只有共产党，只有红军才能救劳苦大众。这为日后老百姓更好地和红军配合作战，打下了坚实的基础。

（三）

郭保权原是一个土匪。但他不杀普通百姓，不强奸妇女，是黄龙山上众多土匪中本质较好的一个。刘志丹决定收服郭保权。

郭保权原是河北省人，因家中贫穷，父亲被民团打死，他就和几个年轻人一起携上几把菜刀闯进民团，杀死几个人为父报仇，然后感觉无路可走，就跑到了山上，成了亡命之徒，先入哥老会，后结识贾德功、梁占魁等土匪头子，然后就屯兵买马，在黄龙山占山为王。

改造土匪可不是一件容易的事，需要相当的魄力和头脑，还得看人看准了，所以大家听从刘志丹一步一步的收服计划，开始了争取郭保权的活动。

首先派马罗武去和郭保权联系。马罗武这个人可不简单，他年龄不大，却见多识广，很懂江湖上的规矩，也懂得哥老会的门道。他首先和郭保权交上了朋友，常在有意无意之间介绍刘志丹的为人和足智多谋，以及他领导的红军势如破竹，前途无量。

郭保权对刘志丹也早有耳闻，打心眼里佩服，可又吃不准对方的底，便说："我手下的几百号人跟我一路厮杀很不容易，弟兄们都盼着收编，谋个一官半职，将来也算衣锦还乡，可依我看，哪个军阀也靠不住，国民党对于我们也是或剿或拉，剿不了就拉过去，拉过去也不信任。"

马罗武说："红军可跟国民党完全不一样，国民党是为了一小部分人的利益，而共产党是叫人人有地种有工做，有饭吃。"

郭保权说："我们也杀富济贫，还不一样吗？"

马罗武笑着说："不一样，红军要打什么人，联合谁一起打，都有政策，百姓对红军是真心真意地拥护。而老百姓对你们好，是怕你们，怕你们欺负他。而且红军里官兵平等，上下一心，你们这儿有些弟兄见利忘义，总怕自个儿吃亏，一放出去，又无所不为，这能有前途吗？又能说红军一样吗？"

郭保权听了有些动心，可又不知红军的力量到底有多大，担心自己一身大烟瘾，去了能行吗？所以他不吭声，要瞧瞧再说。

一天，郭保权正在自己的屋里闷坐为前途费思量的时候，突然喽啰送来一封信，大意是，红军要路过他这里，绝不是替国民党“剿匪”，而是和国民党交战，特打个招呼，以免引起误会，署名“刘志丹”。

郭保权一看刘志丹的署名，再看信的内容，不由心里一震：够朋友。人家拿自己当人，尊重以礼，向我姓郭的借路，我能不答应？于是他马上发令：“撤出要路口的人员，只在沿路设人维持秩序，不许和任何过往军队发生冲突。”

几天过去，郭保权听说刘志丹和国民党打起来了，他出去巡逻打探情况时，发现在他占领的山外的灌木丛里有受伤的红军，他命令喽啰把伤员背上山送进屋里，每天送饭送药，但不准他们自由行动，且不告诉救他们的是谁。这些伤员实在看不出救他们的人是哪一路的，就商量一下说：“不管是谁，只要不杀咱们，咱们就见机宣传。”因此，只要郭保权去看他们，他们就宣传共产党的政策，宣传红军的政策，还讲刘志丹的故事。这些使郭保权心里震动很大，暗想：“这些人还真有意思，到了这种地步，还三句话不离他们的信仰、主义，惦记着他们的首领，可见刘志丹这个人真不简单。”

没几天，郭保权接到刘志丹的一封信，说有些红军伤员进了山，望多加照料，以后必有重谢。郭保权一看刘志丹如此爱民，心里一热，派人四处搜寻，遇见一个伤员收来一个，养好后再送回。

几天过后，刘志丹派马罗武送些猪、羊、粮食感谢郭保权。马罗武告诉他：刘志丹又上前线去了，因此派我前来感谢，刘志丹得知贾德功、梁占魁要去甘肃投奔杨子恒，所以提醒你要三思而行，不要自投罗网，要慎之又慎，看准了才能行事。

郭保权很兴奋地说：“志丹总算没有忘记我，他是个有情有义的人。”然后就提起戒烟的事，问罗武为什么对大烟土不上瘾。罗武说：“这些东西可不能上瘾，他能把一家人的情意给抽尽，能抽得倾家荡产，妻离子散，能把一个硬当当的汉子抽成一个软面条，我看你还是少抽一点吧。”郭保权当时对罗武说：“我要戒掉这大烟瘾，说到做到，清清白白。”

果然第二天，他就开始戒烟了，躺在床上不吃也不喝，泻肚、呕吐、脑涨，像死了一样，连躺了六七天。他手下的人都看着不忍心了，劝他抽两口，都被他一把打掉。后来劝的人多了，他便烦躁起来，拿出手枪，放在枕边说：“谁再送膏子来，我就毙了谁。”果然，无人再敢劝。

郭保权戒烟的事情引起了贾德功和梁占魁的注意，他们催郭保权快点行动投奔甘肃杨子恒，郭保权心里不想可又割舍不得这两个结拜兄弟，怕留下“给朋友拆台”的恶名，只好一起去庆阳。想当初他们几个结拜兄弟，是因为刚开始在黄龙山占山为王时，他们三股力量势均力敌，都怕其中二人联合起把自己吃掉，因此烧香磕头，结拜把子，赌咒发誓，同生共死，这才维持合作的局面。不过土匪窝里流传这样一句话：“赌咒不灵，放屁不疼，嘴上烧香，手里玩枪！”各人要各人的把戏。

结果到了庆阳，那两个家伙官迷心窍，杨子恒说啥，他们听啥，杨子恒让他们把郭保权干掉，他们不顾拜把子的情谊就满口答应。夜里有人给郭保权送信，郭保权才拉出自己的一个营拼着命逃出来。一路上不停受到杨子恒的督战队和贾、梁的人马的围追堵截。就在关键时刻，不知从哪里赶来的一员小将全副武装带领一队人马增援了郭保权，郭保权在感谢之后才得知营救他的这员小将和人马是刘志丹派来的，已经等候多时了。

郭保权一问这员小将于邴焕才 18 岁，不由吓了一跳，问："你这么小就这么能干，是谁带出来的?"焕焕说："我 15 岁就跟刘志丹主席，是他亲手教的。"郭保权问刘志丹是主席？焕焕怕他弄不清，忙解释说："刘志丹是我们陕甘两省革命军事委员会的主席，眼下指挥 20 来个县的红军和游击队，不过我们平时不敢叫他'主席'，他会生气，叫他'老刘'或'志丹同志'，他也叫我小名'焕焕'。"

郭保权感叹说："到底是革命队伍，亲如一家人，没有官气，以后我也叫你'焕焕'了。"于邴焕说："对，老刘早说过，我们早是一家人。"在两个人的交谈中，郭保权听出焕焕深明事理，言辞通达，便问："你是个念书人?"焕焕说："我是矿工出身，跟上老刘，才学的文化，他说当红军没文化，就不懂得打大仗。"郭保权心中暗喜："我是遇上能干大事的人了，把兵带成这个样子，不是一般人能办到的。"

郭保权终于见到了他钦慕已久的人。刘志丹亲切拉着他的手说："你的人马一来，给苏区增加了力量，欢迎你，放心干吧，这里不分你我，都是一家人。"

郭保权忙说："我坚决服从你的指挥，当了红军，再没有三心二意，你指哪里我打哪里。"

就这样，郭保权归顺了刘志丹领导的红军，并且在以后的战斗中，成为得力主将，立下了赫赫战功。

风景这边独好

（一）

赶走了谢子长、阎红彦，又让刘志丹靠边站后，杜衡一下子轻松了很多，终于可以按照自己的想法，干它一阵子了。

杜衡不但目中无人，简直有些得意忘形了。他选的第一仗便是痛打庙湾子。

庙湾子可是个“马蜂窝”，四五百民团都是土匪出身，人人能打仗，个个不怕死。同时，在陕甘游击时期，庙湾子就和游击队是统一战线，他们曾给游击队送枪送弹帮过不少忙。现在，游击队一些伤病员还在庙湾子养伤呢。

“这正是我们苏区的一颗钉子，我们必须拔掉它，许多同志与民团勾勾搭搭，就是在这里犯的错误。”杜衡说。

“我再次请求你，杜军长，慎重考虑一下二十六军目前的处境，考虑伤员安危，考虑二十六军的前途命运。”刘志丹几乎是用恳求的语气说了这一席话。

"都考虑过了。你不要再找任何理由，马上出发。"

再也没有任何商量的余地了，就像阴实实的阴雨天，看不到一丝明亮的缝隙一样，大家都无话可说了。

果真庙湾子一战大大败北，敌人不但居高临下打败了二十六军，还将十几个伤员的脑袋砍下来，挂在了城门楼子上。

这时，杜衡的脸上才露出了惊慌之色。

刘志丹早已预料到情况的危机，带了一小部分人马从后面接应过来。敌人的火力明显减弱了，杜衡才在别人的掩护下向外冲杀着。

（二）

时间已到了 1933 年。

在下一步的行动上，杜衡又一次和刘志丹等人有了意见分歧，矛盾异常尖锐。省委书记杜衡坚持自己的决定，要将军队开赴关中平原攻打城市，而刘志丹则建议建立和壮大陕甘边区革命根据地。

最后，刘志丹在极其困难的环境中，努力用血的教训说服杜衡，坚持力争，阻止了游击队随二十六军南下，并精心安排了游击队和照金根据地的工作。

然而，未待实施刘志丹的方案，部队刚到渭河边，就遭遇了从西安方向过来的一群敌军。由于敌众我寡，不到几个时辰，田野里逐渐露出黑压压一片敌军，他们不动声色从四面将二十六军包围。

杜衡被强敌吓倒，借机要回西安向省委汇报情况，将一场恶战留给了刘志丹和同志们。

刘志丹准备利用当地群众的支持，和敌人周旋一个时期，缓解一下部队的伤亡，也许还能多消灭敌人而保全自己。这时，传来了杜衡被捕叛变的消息。

就在杜衡叛变的同一时间里，疲惫不堪的二十六军在大雨中急速行军。大部分人戴着草帽，他们说话都要大声喊，对方才听得见。雷声暴雨不时地发作，有意跟缺衣少吃的战士们作对。

王世泰说："打了4天了，供给跟不上，部队太疲劳了。老刘，咋办？杜衡该到省委了吧？"

刘志丹也在喊叫："传话，保护好伤员和少先队员。要挺住！急行军不能停，雨大时敌人不行动。到箭峪口补充给养。同志们，挺过去就是胜利！"

一个伤员在用树枝扎成的担架上喊着："扔下我吧，反正我活不了了，抬着拖累部队。"

抬担架的战士不吭声，只是往前走着。

那个伤员挣扎着，扑嗵一声摔在泥里。

刘志丹走过去，帮忙把他抬上去："用绳子捆住，一定要抬到宿营地！"

杨棋赶过来说："大家都想退回去。不回去，连照金也完了，不能死在终南山。"

刘志丹召集王世泰、汪锋、杨棋、吴岱峰、高金纯圪蹴在雨中开会。

刘志丹说："进亦险恶，退亦险恶，进尚可与敌人周旋，退就只能决一死战，再以党内是非而论，中途返回，无论胜败都难以分清曲直。"

又有一战士跑来报告："3个伤员自杀了，怕连累部队。"

刘志丹赶到现场时，3个伤员已经自杀身亡。抬担架的战士哭着说："他们说反正活不了，抬着拖累咱二十六军。"

大家沉痛地低下头。人人脸上不知是雨水还是泪珠都在闪烁。

"岱峰、金纯你们去看一下，给其他伤员做做思想工作。"刘志丹说。

三具血淋淋的红军遗体并排放在一棵大树下。血水、雨水、泪水流在一起。

刘志丹在泥水中滑下一道悬崖，幸被一名战士救起，一瘸一拐地向北走去……

（三）

1933年7月21日，曾参与领导渭华起义的共产党员王泰吉率骑兵二千人，在耀县城通电起义，宣布脱离杨虎城部，成立西北民众抗日义勇军，受挫后，与新成立的耀县游击队等部，先后转入刘志丹、谢子长创建的照金根据地。此时，由于陕西省委被破坏，陕甘边摆脱了“左”倾错误的直接统治，照金根据地发展形势很好。8月14日，陕甘边特委在陈家坡举行了党政军联席会议，决定成立陕甘边红军临时总指挥部，统一指挥革命武装力量，任命王泰吉为总指挥。

10月4日，刘志丹、王世泰、黄子文、曹士荣回到照金。刘志丹任临时红二十六军总指挥部参谋长，王世泰任红四团二连连长，黄子文被派到照金游击队总指挥部工作。

10月16日，国民党第十七路军孙友仁团及民团数千人，配合炮兵，向照金根据地发动大规模的进攻。二十六军被迫撤离薛家寨。

10月18日，陕甘边红军临时总指挥部攻克合水县城，毙伤俘敌200余人，缴枪200余支。

11月3日，红军临时总指挥部和陕甘边特委在合水县包家寨召开会议，会期三天。根据刘志丹的建议，会议作出决定，恢复中国工农红军第二十六军，先成立主力第四十二师，开辟以南梁为中心的陕甘边根据地。

11月8日，红二十六军第四十二师在莲花寺正式成立。王泰吉任师长，刘志丹任参谋长。下辖红三团、红四团、政治部、供给处和直属警卫连，共计500余人。同时，师、团成立党委，连队建立党支部，加强了党对军队的领导。杨森兼任师党委书记。

11月中旬，红四十二师进入宜君县杨家店子，一举歼灭敌人一个整连，毙俘敌120余人，缴枪120余支。

12月初，在红四十二师的配合下，地方党组织先后在二将川、东华池、葫芦河川等村将农民、手工业者、妇女组织起来，组建了农民联合会。同时，新组建了南梁、小河沟、荔园堡、豹子川、东华池五个赤卫大队，共计1000余人。

1934年1月上旬，红四十二师南下，帮助三路游击队扩建游击区。师长王泰吉经党组织批准，前往敌占区开展兵运工作。红四十二师师长由刘志丹接任，杨森任政委。不久，王泰吉在淳化县通润被旧部出卖被捕，押往西安，英勇就义。

2月，国民党反动当局调集8个团的兵力，对红二十六军和根据地发动了第一次大规模“围剿”。

3月上旬，刘志丹率红四十二师由南梁出发，从宁县、正宁南下，迅速进入照金以北地区。

3月29日，红四十二师袭击了国民党庆阳县第四自治区驻地高桥，俘敌区长以下30余人，缴获枪30余支和大批给养物资。嗣后，对元城发起攻击，红三团一举攻占元城街道，消灭谭世麟民团一个连，毙俘守敌100余人，缴获枪100余支和部分军用物资。然后，师主力直扑李家梁子，又歼谭世麟一个骑兵连，缴获枪50余支，战马50余匹。

4月2日，红四十二师在西华池全歼国民党第十七路军杨子恒部王子义团两个整营另一个机炮连，共计600余人，缴获步枪600余支，重机枪2挺，迫击炮2门、弹药数十箱、战马50余匹。

5月初，红四十二师进入南梁，进至三里塬歼敌2个连，缴获枪100余支。战斗中师政委杨森负伤，张秀山继任师政委。之后，在高凤坡、和尚塬、瓦子川连续作战，取得了第一次反“围剿”斗争的胜利。

5月28日，红四十二师党委在荔园堡召开会议。会议总结了反“围剿”斗争中的经验教训；调整加强了红四十二师和游击队的各级领导，决定加强陕甘边区特委的工作，成立陕甘边军事委员会。张秀山任特委书记，刘志丹任军事委员会主席，杨森任红四十二师师长。

红军打下哪里，就立即建立革命政权，组织穷人打土豪，分田地。群众高兴地编了民歌唱道：

日头上来端上端，
南梁来了刘志丹。
老刘练兵又宣传，
要把世界颠倒颠。

（四）

指挥部里，刘志丹、习仲勋、王世泰三人正交谈着。警卫进进出出传送着文件。看得出整顿后的部队正走向正规。

“现在南梁根据地发展快，各级地方武装起来的也不少，可是，指挥力量还显得赶不上来。”刘志丹说。

“可以从王世泰的部队中抽调提拔一批出任。”习仲勋说。

王世泰道：“总指挥决定，我来执行。”

刘志丹说：“四十二师中的一些连营长，有独立指挥能力的抽一部分，到庆阳、合水、保安游击队去担任队长、政委。”

“杨丕胜、张忠考、刘约三这些骨干都能出任。”王世泰提议。

刘志丹说：“世泰，你先准备个意见，征求一下他们本人的意见后再定。”他又指示：“根据地不断扩大，地方工作任务越来越重，仲勋把下一步的工作提个计划，会上研究。”

通信员进屋报告：“报告，刘总指挥，谢子长派郑习武来，要见总指挥。”

刘志丹、习仲勋和王世泰忙说：“快请！快请进！”

陕北游击队员郑习武将谢子长的信交给刘志丹说：“啊！我终于把任务完成了。”

刘志丹把信看完，又交于习仲勋和王世泰过目。

“中央北方局任谢子长为西北军事特派员回到陕北。”刘志丹笑道：“这下可好了。老谢回来，陕北根据地很快会回复壮大的。我们也能通过老谢和党接上关系。”他转身对警卫说：“安排郑习武同志好好休息。明天上路。”

习仲勋说：“敌人可真残忍，杀害了我们很多好同志。安定监狱还有我们的同志没有救出来。”

王世泰表示：“一定设法营救！”

刘志丹说：“是啊，这是紧急任务。我们要派部队去。老谢回陕北不久，可能经济上也困难。明天先派两人和郑习武带些银洋，给老谢讲，随后派部队上陕北，听他指挥营救狱中同志。”

月亮已爬上中天，冷风飕飕地吹着。

那边，谢子长收到刘志丹送来的200块银元后，深情地自语：“志丹啊，你可救了大哥的急了。”

战友情深

（一）

1934 年秋，在荔园堡正式成立了陕甘边苏维埃政府及革命军事委员会，刘志丹任军委主席，习仲勋任苏维埃政府主席。苏维埃政府成立后，出于工作需要，把办公地点搬到了寨子湾。从此，革命的火种从这里撒向整个陕甘边地区。在困难的条件下，边区党政军领导机关和刘志丹、习仲勋等领导人率先垂范，保持着艰苦奋斗、密切联系群众的优良作风，使广大军民深受鼓舞。根据地党政军民同甘共苦，建立了患难与共的鱼水深情。

当时，边区的工作人员，不管职务大小，一律实行供给制。一切吃穿用品，都由政府的财政委员会统一筹办，统一发放。虽然条件艰苦，各方面物质待遇都很差，但是大家总是互相谦让，互相关怀，关系处得十分融洽。

刘志丹的结发妻子同桂荣，是一个勤劳善良的农家妇女。多少年来，刘志丹为革命事业栉风沐雨，四处奔波，同桂荣就留在家里伺候公婆。现在南梁根据地基本上建立起来并且日益巩固了，非常需要后勤工作人员，同桂荣就赶来和其他妇女一道为战士们做军衣，拆洗被褥。这个时期，红军经常打胜仗，队伍日益壮大，根据地也迅速扩大，同桂荣的工作也愈加繁重，但是能和亲爱的丈夫在一起，为革命做出一份贡献，工作再累，她的心情也是愉快的。

一天，刘志丹给战士们讲完军事课休息时，人们三三两两散坐着闲谈，几个调皮的战士开始在一旁摔跤，后来觉得不过瘾，纷纷围过来要和刘志丹掰手腕。一个大个子撸胳膊挽袖子说："老刘，来，咱们掰手腕子，看谁的手劲大!"

其他几个年轻战士也纷纷说好，跃跃欲试。

刘志丹忙说："不行啊，我今天胳膊有点儿疼。"

说者无意，听者有心，坐在一旁的同桂荣忙问："怎么了?"

刘志丹遮掩着说："没啥，好好的。"同桂荣疑虑地望着他，没再说什么。

晚上，忙碌了一天的刘志丹，拖着疲惫的身躯，回到了家里。同桂荣急忙放下手里的针线活，给刘志丹倒了一碗开水，看着他喝完后，同桂荣抚摸着刘志丹的胳膊问道："到底哪里疼哇?"

刘志丹笑着说："我无意中的一句话，你倒当真了。"

同桂荣说："你可别想骗我，还不老实'交代'。"

刘志丹一副若无其事的样子："真的，哪儿都挺好的，我的身体棒着呢!"

同桂荣说："我不信，红军不是不兴撒谎吗，你这个当官的怎么撒起谎来啦?"

刘志丹招架不住同桂荣连珠炮般的追问，最后终于说出他不仅胳膊疼，而且腿疼，腰也疼。

同桂荣心疼地看着丈夫，埋怨道："瞧你，身上有病还不跟自己的老婆说，硬装好汉！”

刘志丹笑着说：“我跟你说了，你又要大惊小怪了，让同志们知道了多不好！”

同桂荣假装生气地说：“身上有病嘛，还怕人知道！”

刘志丹认真地说：“让同志们知道，他们要照顾我的。”

同桂荣十分感慨：“老刘你这个人呀，只知道关心别人。”

事情是这样的，刘志丹自从参加革命以来，常进深山，钻树林，夜里住石洞、睡湿地更是家常便饭。长期的艰苦生活，使他得了不少病，但他一心装着革命事业，对自己的病却从不挂怀。

自打知道刘志丹身上的病痛以后，同桂荣就时时挂念着他的身体。天气越来越冷，虽然才是深秋季节，但陕北高原已经是寒气袭人了。同桂荣白天忙着给战士们缝补衣服，晚上坐在油灯下，把给战士们做衣服剪剩下的边边角角，一针一线细心地缝起来，又找了点棉花，花了几个不眠之夜，终于做成了一件棉袄。

这天晚上，刘志丹回来了。吃完香喷喷的南瓜饭后，收拾完碗筷的同桂荣，像变魔术一样，拿出了一件五颜六色、七拼八凑的棉袄，笑眯眯地对刘志丹说：“瞧？这是什么？”刘志丹一眼望见，又惊又喜：“呵，还倒真像一件百岁衣啊，由这么多布条、布角缝成的呀？”

同桂荣说：“就是为了让你穿上它长命百岁啊！”

刘志丹穿上这件百岁衣，连声说：“很合身，很合身嘛！”

红军在南梁进行一个时期的休整以后，由刘志丹率领着又转战到保安、安寨一带打击白匪军去了。由于部队经过了休整，补充了给养，战士们士气大振，连战连捷，消灭了很多白军，红军队伍更加壮大，根据地得到进一步巩固。年底，刘志丹率着这支得胜之师回到了南梁，准备过年了。

刘志丹回到了家里，同桂荣一看，小棉袄不见了，便问道："小棉袄怎么不见了?"

刘志丹笑了笑说："一个小通信员身上很单薄，我给他穿啦!"

同桂荣看着刘志丹消瘦的面容，眼睛一酸，掉下泪来："你呀，只知道关心别人!"说着把自己身上的一件毛衣脱下来，让刘志丹穿上。

这件事被同志们知道后，都很受感动，也很受鼓舞，一些调皮的战士开玩笑说："瞧咱们的老刘，还穿老婆的衣服哩!"

在艰苦的战争年代，刘志丹心里只有群众，只有战友，却唯独没有他自己。

(二)

数九寒冬，漫天飞雪。刘志丹率领队伍又要出发了。

鉴于敌人要对陕北发动第二次反革命"围剿"的严峻形势，陕北特委和谢子长邀请刘志丹到陕北统一指挥陕北、陕甘两支红军协同作战，以打破敌人的"围剿"。

刘志丹对陕甘边的工作进行了周密的安排，然后带领随行的队伍开始北上。

十二月的天，北风呼啸，天寒地冻，滴水成冰。刘志丹出发了，他一身戎装，腰扎皮带，挎着手枪，骑着高头大马，精神饱满。他望着随行的这支在血与火的考验中成长起来的队伍，心里充满了自豪和必胜的信念，展望前程，他的目光更加坚定。

刘志丹带领红军，下南梁、过洛河，一路北上，沿途消灭了一些反动民团，缴获了许多枪支弹药，解救了很多受欺压的老百姓，在敌占区扩大了红军的影响。经过连日急行军，终于1935年1月赶到了陕北苏区领导机关所在地——安定县的水晶汤。刘志丹和谢子长这一对老战友，就要重逢了。

谢子长在半年前的一次战斗中负了伤，因为根据地缺医少药，得不到及时医治，致使伤情日益严重，一直在群众家里养伤，现在住在灯盏湾。

刘志丹在陕北苏区同志们的陪同下，来到了灯盏湾。这是个树林茂密的地方，谢子长住在一个窑洞里，十分隐秘。刘志丹在院子里站了一会儿，按捺着战友重逢的激动心情，然后轻轻地推开门，走进窑洞。

谢子长躺在窑洞深处的一盘炕上，正在昏睡。昏暗的灯光照在他的脸上。他脸色苍白，没有一点儿血色，原本细长的脸现在更长了，身体瘦得只剩下皮包着骨头了。刘志丹端详着曾经并肩作战的亲密战友，不禁长叹一声，流下泪来。

刘志丹的一声叹息，惊醒了谢子长。他睁开眼，吃力地抬起头一看，见刘志丹坐在身边，亲切地叫了声："志丹，可把你盼来了，你来了就好了。"说着就要坐起来。

刘志丹急忙往前坐了坐，一把扶住谢子长："别起来，快躺下。"然后充满深情地问："老谢，这一阵子让你受苦了，伤好点了吗？"

谢子长叹了一口气说："伤口发炎，胃病也犯了，又伤又病，天天咳嗽得喘不上气来，眼看着一天不如一天了。"他咳嗽着，"我早就盼着你来了，真想见你呀！"说着，泪珠簌簌而落。

刘志丹拿起毛巾，给谢子长擦着泪水，安慰道："你要安心养伤，我们设法找药来给你医治。"他又摸了摸被褥："太薄了，应该给你弄床新的来。"

谢子长摆摆手说："不用了，这窑洞很暖和，被子薄点也不觉得凉。我个人的身体你就不要操心了。我养伤的这段时间，回顾了你我一起走过的历程，觉得你确实是一个对革命事业无限忠诚，顾全大局，从不计较个人得失的无产阶级革命者，你不仅是一个优秀的军事指挥员，而且也是一位优秀的政治领导者。”

刘志丹沉思着说：“不能这样说，我还不很成熟，过去我把个别领导者看成党的化身，对不正确的命令也盲目服从，结果使革命受到了不应有的损失，教训是深刻的。老谢，你不要考虑太多，安心养伤，陕北人民还等着你指挥大家战斗哩。”

接下来，两位战友开始对当时的形势、陕北的斗争策略，以及为打破敌人的“围剿”应采取的战略战术和统一指挥陕北和陕甘两支红军等问题交谈了很久，取得了一致的意见。当谈到西北军事委员会主席的人选时，互相推让起来。

谢子长说：“老刘，为了党的事业，你这次必须把担子挑起来。过去多少次干部调整，部队改编，你都把应当承担的重要位置让出来，不计较个人职务的高低和个人利益得失，每当我想起这些都非常敬佩你，现在敌人又要‘围剿’了，我身体不好，恐怕活不了多久，已经挑不起这副重担了，西北军委主席的职务非你莫属，只有你才能担起这副担子啊！”

刘志丹听到这儿，十分感动：“老谢，不要这么说，你的伤一定能治好，党和人民需要你，我们离不开你，你一定要鼓足勇气活下去！”

两位战友感人肺腑的谈话，使在场的人无不动容，纷纷流下泪来。临别，刘志丹一再叮嘱谢子长保重身体，安心静养，两位亲密战友的手紧紧握在一起，久久不愿分开。

此后，刘志丹开始了紧张忙碌的工作。谢子长伤势沉重，千斤重担都压在刘志丹一人肩上。他更消瘦了，但他始终保持着旺盛的精神，为革命事业日夜操劳着。

1935年2月，刘志丹在陕北的安定县主持召开了西北军委第一次会议，宣布了军委的组织机构和领导人。在这次会上，刘志丹当选为西北军事委员会主席。同时，大会颁布了刘志丹亲自起草的《中国工农红军西北革命军事委员会粉碎敌人第二次“围剿”的动员令》。

《动员令》正确地分析了形势，着重说明了敌人内部各派系之间的重重矛盾，并据此制定了集中优势兵力先打高桂滋，后打井岳秀的方针。为取得这次反“围剿”的胜利奠定了良好的基础。

《动员令》还特别强调了红军保持严明的纪律的重要性，要求红军官兵必须坚决服从命令听指挥，反对散漫现象和游击习气。指出，服从命令是大兵团作战，实现统一指挥、统一行动，获得胜利的保障。《动员令》还对战时的后勤工作做了周密安排，保证了军需补给的及时供应。

《动员令》是刘志丹多年革命实践的经验总结。刘志丹根据陕北的实际情况，分析了敌我力量，准确地选择了战场和打击的对象，周密地制订了作战计划，决定集中红军主力，在运动战中各个击破和消灭敌人。

反“围剿”

（一）

正当刘志丹紧锣密鼓地安排反“围剿”的军事部署的时候，传来了谢子长不幸去世的噩耗，刘志丹万分悲痛，立刻前往吊唁。同时作出指示：“谢子长同志逝世的消息要绝对保密，红军打到哪里，就要把老谢的旗号打到哪里，要大张旗鼓地宣传我们是谢子长的队伍，给群众壮胆，让敌人听了丧胆，这么做，对这次战斗的胜利有好处。”同志们听了纷纷点头。

国民党这次“围剿”陕北苏区，打头的是高桂滋的八十四师，陕北红军首先要碰的就是这支敌军。高桂滋远道而来，对陕北的地形不熟，而且和另一个军阀井岳秀争抢地盘，矛盾重重。同时对红军的战术也不清楚。但他仗着装备精良，很轻视大刀长矛加步枪的红军，因此在行军、部署中暴露出来的漏洞也比较多。而陕北红军，在刘志丹的领导下，早就对敌我双方的优势和弱点分析了个透。因此，当制定对付高桂滋的部队的战术时，军委决定扬长避短，趁敌军渡河后立足未稳的有利战机，敲掉他的各个突击部，然后向外线之敌出击。

第一仗先打李少棠。

李少棠是高桂滋手下的一个团长，驻守在瓦窑堡。这是一个十分凶残的家伙，对共产党和红军极端仇视。共产党员赵迫儒不慎落入敌手，李少棠对他进行了严刑拷打，妄图逼问出刘志丹和红军的下落，但赵迫儒坚贞不屈，一个字也没有泄漏给敌人，李少棠无奈，准备把赵迫儒押送到高桂滋那里去，借机把自己的老婆也送到后方。刘志丹接到情报后，经过周密细致的考虑，部署兵力，出奇制胜，没费多大劲儿就把敌人一网打尽，救出了赵迫儒，还活捉了李少棠的老婆。

就在红军打扫战场的时候，高桂滋手下的另一个团长、李少棠的拜把子兄弟郭子峰不知李少棠被歼，倾巢出动，前来增援。刘志丹得到消息后，高兴地说："终于引蛇出洞了，敌人离开了老巢，我们正好利用敌人弱点在运动中将其歼灭。"然后刘志丹便调兵遣将，在敌人必经之地杨家园的附近埋伏好了。

郭子峰的队伍过来了。突然，几颗信号弹腾空而起，一阵冲锋号响，突击队员们在刘志丹的带领下，从四面八方向敌人冲去，枪声、炮声、喊杀声响成一片，经过激战，敌人丢盔弃甲、四处逃窜，郭子峰被当场击毙。这次战斗，红军缴获了大量的军衣、军饷、医疗器械和枪支弹药，战士们高兴得唱起了得胜歌。

这次战斗，被俘的敌人有二三百人。根据红军优待俘虏的政策，愿意留下来的补充了队伍，不愿留的，红军给足路费让他回家。对有技术的人员和医生以及机枪射手，红军做了艰苦细致的工作，说服他们留了下来。

为了庆祝杨家园战斗的胜利，鼓舞士气，红军在玉家湾召开了庆功大会。刘志丹出现了，官兵和老乡们热烈鼓掌，衷心拥护。刘志丹即席作了精彩的讲话：“杨家园的胜利，仅仅是个开头，大的胜利还在后头哩，就像大家常说的‘老鼠拉木锨——大头还在后头呢’。这次红军两支主力要在陕北打出新的局面来，我们已经号准了高桂滋的脉搏，这位后勤部长是给我们送武器和装备来了，大家说，欢迎不欢迎啊？”

全场笑声一片：“欢迎！欢迎！”

刘志丹的讲话，给了在场的官兵和人民群众巨大的鼓舞和无尽的力量。

（二）

在第二次反“围剿”战争中，攻克李家塔寨子是个传奇般的故事。

陕西的安塞县，是陕北革命根据地通往陕甘边根据地的必经之地。而安寨县的李家塔寨子更是咽喉所在。一股国民党匪徒长期盘踞在这里，无恶不作。为了打通交通线，把陕甘边和陕北两块根据地连接起来，刘志丹决定集中优势兵力，拔掉这颗钉子。

1935 年 6 月，刘志丹带领红二十六军、红二十七军，突然围住了李家塔寨子。

李家塔寨子，地势险要，易守难攻。它的东西两面都是深谷，沟壑纵横，猴子也难攀援而上。北面本来和大山一线相连，但敌人为了长期据守，将之炸断，成了陡峭的悬崖，从上面望下去，只见云雾不见底，让人心惊胆寒。只有东面地形较缓，可以和外界相通，但敌人在这里修筑了寨门，架了吊桥，这里山寨的唯一进出之处，是一条弯弯曲曲的羊肠小道，紧贴峭壁，远远望去，像一条线似的直坠向深沟里。自古华山一条路，李家塔寨子虽然比不上华山的高峻，但它的险要之处比华山还胜过几分呢。

山寨里驻扎着一大批反动透顶的土豪劣绅、土匪恶霸以及逃到这里来的各路团头，一共两千多人。他们囤积了大量的粮食衣物，配备了充足的武器弹药，他们依仗天险，准备长期据守顽抗。白天，他们窜下山寨，烧杀淫掠，无恶不作，许多革命群众惨死在这帮匪徒手中；晚上，他们住在寨子里花天酒地，过着纸醉金迷的生活。

敌人据险死守，红军一连强攻了三天都没能拿下来。后来红军准备在寨子下面挖地道，装上炸药，让敌人坐“土飞机”。可是狡猾的敌人在夜里往地道里扔手榴弹，把地道炸塌了。六天过去了，军事上没有一点进展。

担任主攻任务的红二十七军的一位团长贺晋年急了，准备组织“敢死队”强攻，可是这样一来势必会造成很大伤亡，怎么办呢？

第七天，刘志丹亲临前线，他冒着烈日的曝晒一边举着望远镜观察着地形，一边询问着战士们的情况。

贺晋年说：“战士们的情绪都很焦急，强攻，攻不上去；围困，敌人要粮有粮，要枪有枪，大伙急了，我们准备组织‘敢死队’，再强攻他一次。”

刘志丹沉思着。突然，他眼睛一亮，把望远镜递给贺晋年：“老贺，你看对面山崖上一道裂缝，我们能不能从这道裂缝爬上去？”

贺晋年接过望远镜一看，果然，对面山崖上有一道裂缝从崖顶直通到崖底，只是裂缝两旁长满了杂草、灌木，不仔细看根本发现不了。在长期的革命斗争中，刘志丹经常在大家遇到困难、处于停滞不前的情况下，来到前线了解情况，指挥战斗。这次又是他，在敌我处于对峙状态的时候发现了一条通往胜利的路。

贺晋年观察了一会儿，思索了一下，说："能爬山去！"

恰好在这时，一条大狼狗从寨子上沿着裂缝爬到沟底，在山涧喝了水后，又摇摇摆摆顺着原路爬了回去，看到这个情景，大家都兴奋得跳了起来。贺晋年说："狗能爬上去，人一定也能。"

刘志丹指着裂缝说："这个方位是敌人料想不到的地方，如果能从这里爬上去，打敌人一个措手不及，首先占领寨子南角，然后攻向寨门，打开大门，让主力进寨，定能克敌制胜。"

寨子里的敌人，在红军刚开始进攻时，都十分害怕，纷纷准备逃跑。可是，红军打了五六天后，没能攻上去，敌人的嚣张气焰慢慢又涨了上来，在寨子上对红军破口大骂，一副有恃无恐的样子。

与此同时，刘志丹已经布置妥当，寨子四周的山坡上挖满了战壕，红军指战员埋伏在战壕里，一挺挺机枪，一支支步枪，从不同角度都对准了山寨，战士们摩拳擦掌，等待着进攻的命令。贺晋年带领着37名突击队员，悄没声地运动到裂缝前。一切已经就绪，下午两点，刘志丹一声令下，战斗打响了。

寨子上的大小头目们，正在喝酒取乐，猜拳行令，群魔乱舞。匪首唐海彦，正在得意忘形地接受小头目们的敬酒，大吹大擂几天来的"战绩"。他们万万没有想到，红军会从几十丈高的悬崖上爬上寨子。

贺晋年带领着突击队员，来到崖下，抬头一看，几十丈高的峭壁，直插云霄。这37个突击队员，都是爬山上树的能手，只要有个搭把手的地方，就能上去。战士们勒了勒腰带，背好了枪支，别好了手榴弹，手抓着野草、灌木枝，脚蹬着裂缝，一手换一手，一脚接一脚向上攀登着，有的队员划破了手，擦破了皮，鲜血流了下来，点点滴滴，洒在悬崖上，但大家一声不吭，奋力向上爬着……

枪声四起，敌人顿时炸了窝，纷纷往炮楼里钻。

唐海彦强压着内心的恐惧，大声吼着："镇定，镇定，我李家塔寨子如铜墙铁壁，坚不可摧，刘志丹再诡计多端，他也别想攻上来，大家尽管放心，来，喝，喝……"

话音未落，一个敌兵跌跌撞撞跑了进来："不、不、不好了，共军从南面攻上来了……"

唐海彦啪的把酒杯一摔，眼睛一瞪，骂道："你他妈的嚎什么丧，共军就是插上翅膀也不可能从南面上来。"

那个敌兵说："是真的！"

匪徒们一下子慌了神，一齐跑了出来，爬山寨墙，将石头、滚木、桌椅板凳打向突击队员们。

正要爬上崖顶的突击队员，突然遭到了敌人雨点般的袭击，有几个负了伤，情况十分危急。

这时，刘志丹一声令下，20多挺机枪，齐声怒吼，射向敌人，寨子上的匪徒像被割的麦子似的纷纷倒地。

一场厮杀开始了，寨子上枪林弹雨，硝烟滚滚，血肉横飞。一时间，喊声、枪声、手榴弹的爆炸声、刺刀的撞击声，响成了一片。渐渐地，英勇的红军控制了局面，在红军有力的冲杀下，敌人溃不成军，四处奔逃。

匪首唐海彦，双手沾满了人民的鲜血，自知难逃一死，所以非常顽固，率领着残余的敌人，退进院子里负隅顽抗。红军的勇士们逐院与敌人进行近战，一颗颗手榴弹甩进了窑洞，敌人赖以生存的天险，成了他们的葬身之地。经过两个小时的激战，活捉了唐海彦和他手下的大小头目十几人，大势已去的匪徒们全都缴械投降。

红旗在未尽的硝烟中飘扬着，安塞县解放了，卡在陕北和陕甘边交通要道上的这颗钉子被拔掉了，两个革命根据地从此连成了一片，革命的形势焕然一新。

（三）

以下是陕北和陕甘边红军在第二次反“围剿”战争中的主要战绩：

1935年4月21日，红二团在南梁地区完成阻击敌三十五师的任务后，按原定作战方案，迅速向陕甘边西北、东北地区移动，向敌人发动进攻，在杨清川伏击敌警三团骑兵连获胜。

5月1日，红二十六军四十二师第三团、抗日义勇军与红二十七军八十四师在安定县白庙岔会师。

5月2日，西北军委颁布了军事纪律、政治纪律、战地动员条例以及处决土豪劣绅等一系列规定。

5月3日，在玉家湾成立了前敌总指挥部，刘志丹任总指挥。

5月9日，西北主力红军及数千游击队、赤卫军在前敌总指挥部统一指挥下，在马家坪全歼敌八十四师五〇〇团一个营和一个机炮连。

5月10日，中共西北工委在玉家湾举行会议，刘志丹代表前敌总指挥部作了军事形势报告，并对下一阶段作战的方针、计划提出建议。

5月中旬，刘志丹率红军主力，进至清涧无定河边。

5月20日，红军于张家圪台歼敌八十四师四九九团一个连。

5月29日，红军对延长县城发起突然攻击，守敌猝不及防全部被歼，县城迅速被占领。

……

陕北苏区第二次反“围剿”战争，从1935年5月1日起至8月底止，历经4个月。军民共歼敌正规军5000余人，民团等3000余人；缴获各种武器7000余件，及其大量军用物资等。

这次反“围剿”的胜利，又一次粉碎了国民党反动派对陕北苏区的进攻，狠狠地打击了敌人，锻炼了苏区军民。红军连克6座县城及各据点，解放了东至黄河，南至临镇、金盆湾，西至永宁山，北至长城边的800里广大地区，巩固和扩大了苏区，壮大了红军力量，使陕北红军主力部队，由第二次反“围剿”战争初的2100余人发展到4000余人，游击队由400余人也发展到4000余人。

丹心昭日月

（一）

位于陕西北部和甘肃东路，包括陕甘边和陕北两个地区的陕甘革命根据地，经历了长期而艰难的创建过程。从 1927 年 9 月清涧起义开始，陕甘地区的人民群众，在刘志丹、谢子长等的领导下，高举革命的旗帜，积极开展反对国民党反动统治的斗争，创建了红军，坚持了长期的游击战争，由弱变强，愈战愈勇。到 1935 年 7 月，先后粉碎敌人的多次“围剿”，成立了陕甘边、陕北两地区的工农民主政府和许多县区级革命政权，建立了人口七八十万、面积三四十万平方公里的革命根据地。

1935 年的 7 月，对于陕甘边、陕北红军来说，是历史性的转折时期。同时，对于中央红军来说，也是永载史册的新时期。红二十五军的到来，中央红军和西北红军的会合，使西北成为中国共产党的西北，西北红军成为整个红军的一部分；中央红军回到了自己的家园，有了自己的根据地。在这黄色的山坳中，涂抹了一片红色的风景。

红二十五军是鄂豫皖革命根据地的一支红色劲旅，属红四方面军建制。1932 年 10 月，红四方面军主力撤出鄂豫皖根据地后，鄂豫皖省委将留下的几个团集中起来，于 11 月重新组建起红二十五军。

1932 年年底到 1933 年年初，红二十五军抓住敌军调动、兵力减少的战机，积极歼敌，连续取胜，鄂东北根据地由几小块连成一片，皖西北根据地也部分得到恢复，红二十五军由重建时的 7000 人，发展到 3 个师 9 个团，一万多人。皖西北的几个团组建了红二十八军，地方武装扩编为 10 个游击师。之后，王明“左”倾路线又在鄂豫皖边区造成了严重危害，红二十五军奉命同强敌作战，结果连连失利，伤亡很大，鄂东北、皖西北两块根据地的中心区相继丢失。

1934 年初，蒋介石调集重兵对鄂豫皖进行大规模“围剿”，企图将此地的红军“一网打尽”。红二十五军转战到皖西北，与红二十八军会合，合编为红二十五军。1934 年 11 月 16 日，红二十五军踏上了艰难的长征之途。一路跋山涉水，一路与敌激战，把一拨拨敌人甩在了身后。

1935 年早春，红二十五军转移到了陕西境内。一天，当他们正在庾家河开会的时候，国民党六十师——蒋介石最神速的一个师，从朱阳关席卷而下，从背后袭击了他们。军长程子华 1930 年时左臂曾受过伤，他习惯于右手托着左臂。现在，一颗子弹再次击中他左臂并穿透了右手，使他落下了残疾。副军长徐海东被一颗子弹击中头部，子弹从右边穿过，从后脑穿出。他昏迷了一个多月。

当时，24 岁的钱信忠医生站在两位指挥员身旁。他也负了伤，但不严重。他是上海德国人办的同济大学的毕业生，他用磺胺桐衣定为两人治病，这是一种德国早期制造的磺胺类药品。钱信忠晚年回忆说：“如果没有这种药，要挽救他俩的生命是不可想象的。”

后来，程子华的伤口严重感染。吴焕先政委接任指挥。正当他们向陕北运动的时候，吴焕先牺牲了。程子华和徐海东从担架上又接任指挥，程任政委，徐任军长。

9 月 9 日，红二十五军进至永宁山和陕甘党组织取得联系，并在沿途受到陕北人民的热烈欢迎。15 日，到达延川县和永坪镇。

9 月 16 日，刘志丹率领红二十六、二十七军来到永坪镇，和红二十五军胜利会师。

1935 年 9 月 17 日，中共中央驻北方代表派驻西北代表团召集中共西北工委和鄂豫陕省委联席会议，决定撤销原西北工委和鄂豫陕省委，成立中共陕甘晋省委。由朱理治任书记，并改组了原西北革命军事委员会。会议还决定将西北红军和红二十五军合编为红十五军团。

9 月 18 日，永坪镇广场上，举行盛大的联欢大会，庆祝胜利会师和纪念“九·一八”4 周年。周围几十里的赤卫军和群众纷纷赶来参加。会场四周张贴着“欢迎红二十五军”、“庆祝红军胜利会师”、“团结起来，坚决抗日”等标语。

会场内红旗招展，歌声嘹亮，人人兴高采烈，洋溢着两支兄弟红军亲如手足的战斗友谊和根据地人民对子弟兵的炽热感情。

会上，刘志丹、徐海东、郭述申、聂洪钧、朱理治先后讲话。分别代表陕北根据地人民和红军、红二十五军、西北军委、中共西北工委祝贺胜利会师。号召全体军民互相学习，加强团结，积极参加抗日救国运动，坚决粉碎敌人对陕北根据地的第三次“围剿”，为巩固和扩大陕北革命根据地而奋斗。

会后，在中共西北代表团和陕甘晋省委的支持下，红二十五军、红二十六军、红二十七军合编为红十五军团。军团长徐海东，政治委员程子华，副军团长兼参谋长刘志丹。

要说红二十五军和红二十六军、红二十七军的会师，是中国工农红军在西北大会师的前奏，那么，红十五军团的建立，对粉碎敌人第三次“围剿”，巩固和扩大陕北根据地，迎接党中央和红军主力北上，推动革命的发展，都有着极其重要的意义。

蒋介石已到了登峰造极地关注陕北的程度了。他为实现其摧毁陕北革命根据地，使北上红军主力无立足之地，进而达到全歼红军的目的，于7月中旬就开始部署了对陕北革命根据的第三次“围剿”。9月，蒋介石在西安成立“西北剿共总司令部”，自任总司令。指挥东北军的于学忠第五十一军，董英斌第五十七军，王以哲第六十七军及何柱国骑兵军第四军11个师，晋军孙楚部5个旅以及陕北军阀高桂滋、高双成的第八十四师、第八十六师等部，采取南进北堵，东西配合，逐步向北压缩的战法，妄图将红军围歼于保安、安塞地区。

根据情况，红十五军团商议了一个“围城打援”的作战计划。第一仗便指向劳山。

然而，就在红十五军团进行劳山战役时，陕甘革命根据地正在进行“肃反”，使一批同志遭受到了无辜的迫害，造成了严重的恶果。

（二）

王明“左”倾路线所制造的肃反扩大化问题，在红十五军团中也严重地存在。

那是10月5日，西北代表团、中共陕甘晋省委员会、西北军委、陕北省工农兵民主政府，由永坪镇改迁瓦窑堡镇，组建瓦窑堡党政军机关。遂通知有关人员前来开会。

当刘志丹从前线来到瓦窖堡时，便立即被西北保卫局搞肃反的人关入了米粮山监狱。这时，米粮山监狱里已经关起了很多人，其中有习仲勋、刘景范、马文瑞、杨森、张仲良、黄罗斌、王据德等人。

逮捕刘志丹的“理由”是他与国民党有秘密接触。实际是，刘志丹同打进国民党内部的共产党秘密党员保持联系。

刘志丹被捕的消息很快传遍了陕甘革命根据地，人们无不震惊，并对逮捕他们老刘的那几个不分是非、颠倒黑白、做出亲者痛仇者快行径的人表示极大的愤怒。人们都说：“老刘自从参加革命以来，东征西战，为穷苦人打土豪分田地，真正为咱穷人谋幸福，为这，国民党和地主老财恨透了他，抄他的家，悬赏他的人头，还挖了他家的祖坟……这样的人又怎么可能是反革命呢?”

许多和刘志丹一同南征北战的老红军战士及各县的军事部长都不约而同聚集到了瓦窑堡，他们联名上书要求放了刘志丹。那几个人心里也有些害怕，怕真闹出什么乱子来，就把刘志丹从牢里放出来只和大家见了见面。

人们心目中高大英俊的老刘消瘦了，也憔悴了。但他没有一句怨言，亲切地和老战友们打着招呼，并语重心长地说：“我没事，一切都挺好的，你们一定要顾全大局，坚守自己的战斗岗位，加强红军内部的团结，坚决粉碎敌人的‘围剿’。至于我们内部的事，不要着急，中央来了就会得到解决的……”

刘志丹不顾个人安危，一心只想着党的事业，他的一腔肺腑之言，感动了在场的几百名干部，有的人不禁流下了热泪，人们说刘志丹的胸襟比大海还宽广，他的党性比钢铁还坚强。

云开雾散

（一）

1935年秋。

甘肃哈达铺。

毛泽东率领中央红军到了这里。在距江西的出发点成千上万里之遥的哈达铺，长征确切的目标已在日渐明确了。

红军先头部队在攻占哈达铺时果断地拿下了邮局，这是很长时间以来他们占领的第一个邮局。

毛泽东在看报。周恩来、彭德怀，他们在那里找到了国民党的报纸。就这样，毛泽东和他的指挥官们兴致勃勃，一口气读完了这些报纸。

报上的消息表明：

陕北不但有一支共产党的队伍和一片苏维埃根据地，而且毛泽东的朋友，著名的群众领袖、英勇无畏的红二十六军军长刘志丹仍然活着，统帅着他的部队。红二十五军的徐海东也到了这里。

毛泽东高兴地说："看起来，刘志丹在陕北开辟的根据地，现在依然存在哟！"

周恩来和彭德怀边看报纸边议论，看得出来，他们都很兴奋，乃至亢奋，谈兴也愈浓。

林伯渠、谢觉哉闯了进来。谢老手里拿着半张《晋阳日报》，嚷嚷着："快看。你们快来看。"

周恩来拿起《晋阳日报》，见上面登着同样的消息，说："看到了，大喜讯嘛！"

"是啊！"毛泽东笑着看他们，然后眼望窗外，说道："转战万里的红军，找到了一个落脚点，可真不容易！"

就要到家了，红军已踏上了家乡的土地，正朝着自己的同志和根据地前进。他们面前只剩下1000里的路程了。他们心里有多么激动，他们的情绪又是多么亢奋！

中央红军向北疾进，疾进！

（二）

1935年10月19日这一天，陕北高原的天空格外澄蓝，太阳格外红艳，群山格外青翠。毛泽东等领导人率领中央红军经过二万五千里长征，胜利到达了陕甘苏区保安县的吴起镇。

毛主席到达吴起镇的当天，就听说刘志丹被捕的消息。当晚，他就和周恩来副主席，踏着明亮的月光，到群众中了解情况。许多群众告诉毛主席身边的人，请党中央毛主席赶快拯救刘志丹。毛主席说："我刚到陕北来，但已经了解了这里的情况，这里的人民群众的政治觉悟很高，也懂许多革命的道理，陕北红军的战斗力也很强，我相信创造这块根据地的同志是党的好干部。请同志们放心，刘志丹同志很快就会和大家见面的。"

于是，毛泽东下令“刀下留人”。一面派出王首道、贾拓夫等人代表党中央前往瓦窑堡，传达中央要保障刘志丹等同志安全的指示；一面在下寺湾召开了干部会议，在会上严厉批判“左”倾路线的错误，决定释放刘志丹和其他被捕同志。

一天下午一点钟，毛主席和周副主席来到了瓦窑堡。人们从四面八方拥到了集合场上。宽阔的广场上，人山人海，千万双眼睛一齐投向了这位身材高大、身着一身青布服的迈着矫健步伐的人，他就是人们盼望已久的毛主席。在他身后那位长着胡子的、精神饱满、威武英俊的人就是久已闻名的周恩来副主席。人群中传来“热烈欢迎毛主席”、“热烈欢迎中央红军”的欢呼声、锣鼓声、鼓掌声，久久不散。

毛泽东到了瓦窑堡后，就开始调查刘志丹的事情。他首先听王首道的汇报，然后开会，指出审查刘志丹是完全错误的，并指示要立即放人。同时，为了严明党纪，党中央撤了搞肃反人的领导职务，并给他警告处分。周恩来对刘志丹的评价是：“像刘志丹这样的‘反革命’，越多越好！而那些随意抓人的‘真革命’，倒是一个没有才好。”

（三）

1935 年 12 月的一天上午，阳光明媚。

毛泽东的砖窑院，整洁安静地罩在如洗的阳光里。

周恩来领着刘志丹走进大门时，毛泽东迈着大步，从窑门里迎了出来。

周恩来紧前一步，介绍道：“这是毛主席。他就是刘志丹同志。”

刘志丹上前，立正敬礼。

毛泽东拉住刘志丹的手，热情地说：“志丹同志，我们找你可费劲啰！”

刘志丹热泪盈眶。他说：“主席，你好啊！我们终于盼来了主席！盼来了党中央！我们真高兴！党中央和毛主席救了我们，救了陕北革命根据地啊！”

毛泽东说：“志丹同志，感谢你们！是你们创造了这块根据地，保存了这块根据地，才使党中央和红军长征有了落脚点。是我们回到了家嘛！”

刘志丹笑了，“这是谢子长同志和我们一起创建的。他……”

“知道。我们这立足之地瓦窑堡，就是谢子长的家乡嘛。可惜，他过早地去见马克思了。”毛泽东说着，看了看刘志丹那消瘦的身体，“外面冷，快回窑里坐，里面有火。”

进了窑，毛泽东又诙谐地说：“革命道路是曲折的，对革命者来说，坐牢，也是一种锻炼啰！”说着，爽朗地笑了。

刘志丹也笑了。他红着脸诚实地说：“主席，我已经坐过两次国民党的牢，对我来说，坐牢不算什么。”

周恩来看了看刘志丹身上的伤痕，风趣地说：“你看看，‘左’字号的监狱，也厉害嘛！”

刘志丹笑了：“也没什么了不起，我不是好好的吗？”

“不，还是吃了亏的。”周恩来指着刘志丹脚上被铁镣磨破的伤痕说。

刘志丹掩饰住伤痕，转移视线，说：“我年轻，吃点亏，没什么。主席、副主席经过万里长征，身体都吃了大亏。陕北的条件不好……”

毛泽东说：“陕北地方穷，穷则思变。要干，要革命。李自成、张献忠就是从这儿闹起农民革命的嘛！你们搞得很不错了。这里群众基础好，地理条件也好，搞革命，是块好地方……”

刘志丹说：“我们做的事太少了。开始走了不少弯路，也有过很多的失败，在总结了许多教训的基础上，又在你的一些理论文章的指导下，才慢慢做得好一些。”

毛泽东的窑洞里温暖如春，不时传来浓重的南方口音和北方汉子爽朗的笑声。

炉火越烧越旺，把他们的脸膛映照得红扑扑的。

这难道不是黄山坳中最亮丽的一片红色风景吗?!

毛泽东的出现是历史的巧合吗?

如果没有西北红军和陕甘苏区，如果没有毛泽东和中央红军的出现，历史将会怎样演绎她后来的壮丽?

然而，历史是不能假设，也不能承认预测的，她是天衣无缝的。

当然，毛泽东在陕北出现的意义，并不仅仅是救了一个刘志丹。

就在刘志丹告别毛泽东，走出窑洞的刹那间，他发现毛泽东在这样深冬的季节，竟然还穿着一双单薄的布鞋，心里不禁一动。

温　情

（一）

经过艰难困苦的人，会格外珍惜今天平安幸福的生活。经过严冬的彻骨寒冷，就总忘不了春天的温暖。陕北人民世世代代忘不了毛主席的恩情，是他挽救了陕北革命根据地，解救了刘志丹。

不仅如此，毛泽东对刘志丹一直是非常信任和器重的。当刘志丹获释后，他便被委以重任，担任西北革命军事委员会副主席，主席由周恩来兼任，同时，刘志丹还兼任中央所在地瓦窑堡的警备司令、北路军总指挥、红二十八军军长等职。在中央军委工作，刘志丹感到全身有使不完的劲，更加努力工作，不敢有丝毫的懈怠，晚上睡觉的时间更少了，更多的时候每天只睡三四个小时，他感觉只有这样才能报答毛泽东的知遇之恩。

陕北的父老乡亲听说毛主席对刘志丹非常器重，也都万分高兴，他们心里明镜似的，知道是毛主席挽救了陕北革命根据地，许多老百姓把鸡蛋、大红枣纷纷托毛主席身边的人转送给主席。四面八方的乡亲们也抱着大南瓜从很远的地方赶到瓦窑堡来看望刘志丹，都说老刘的身子太虚了，让那些狠心的人给糟蹋得不成样子了，一定要好好补补才是啊，有的人边说边抹泪。

而刘志丹无以回报大家，只有夜以继日地工作。他和妻子以及四岁的小女儿一起住在一个窑洞里，屋里仅有简单的几样最基本的生活用具：一个小锅、两个小瓷盆、一把饭勺、三个吃饭碗，筷子是刘志丹在外面拣的高粱秆做的。

在这样艰苦的生活环境里，刘志丹没有想到过自己，他想到了那次主席会见他的时候还穿着一双单布鞋，而陕北的冬天又特别的冷，气温总在零下30度左右，主席穿这样的一双鞋怎么能过冬呢？一天深夜，刘志丹冒着雪下班回到家，妻子看着丈夫消瘦的面容说："这么晚才回来，都冻成这个样子了，快到炕上来暖和暖和。"紧接着问："老刘，最近一阵子你身子亏得厉害，能不能休息几天再上班呢？"

刘志丹说："我这算个啥，毛主席经过千山万水，走过二万五千里，奔波到陕北根据地后，还日日夜夜为中国的革命操劳着，咱们这算什么呢，和主席比起来，实在微不足道。"一说到毛主席，刘志丹的眼里流露出来关切和钦佩的样子，他对妻子说："我想求你做一件事。"

"看你，什么事，夫妻之间还说求不求的。"妻子同桂荣没有多少文化，但人非常诚朴，对老刘更是一心一意地热爱。

刘志丹说："想请你给做一双棉鞋。"

同桂荣说："当是什么事呢，做棉活儿，对我来说还不是手到擒来，而且这两天我正思忖着给你做一双棉鞋呢，可就是没东西，也没有布没有棉花。"

刘志丹说："没有东西不要紧，不过这鞋不是给我做的。"

同桂荣瞪着迷惑的眼睛说："不是给你做的，是给谁做的呢?"

刘志丹说："给毛主席。"

同桂荣一下子惊喜而又紧张起来："给毛主席做，那，可就真害怕我做不好，再说毛主席不会嫌弃吗?"

刘志丹笑着说："怎么会呢，由我给你当参谋嘛。"

同桂荣高兴地连夜开始动手了，她把全部家当都翻了个遍，也只找到几块能做鞋里子的白布。她在发愁，"这鞋面和棉花又该到哪里去找呢?"

刘志丹不假思索地说："没关系，明天我设法买块鞋面，再称几两棉花。"

第二天，院子里的老乡听说刘志丹要给毛主席做一双棉鞋，都非常激动。得知老刘没有棉花和鞋面时，就你送这他送那，不一会儿，凑齐了一双鞋的鞋面和棉花。甚至还有的送来了羊毛毡，说给主席的棉鞋里垫上暖暖和和的鞋垫。真是一双棉鞋牵动万人心啊!老乡们都这样说："毛主席是南方人，咱北方又冷又寒，要把棉鞋做厚实点，不要让他冻着啊。"

一切原料都有了，可同桂荣犯起了难，你说这鞋做多大好呢，又没有见过主席，更不知道主席穿多大尺码的鞋。况且鞋不比衣服，衣服短点长点都还能凑合，这鞋差分毫都不行，鞋小挤脚；鞋大不跟脚，一走路嗯踏嗯踏，也影响形象啊。

刘志丹是个有心人，那次他与主席会见临分手时，早注意到主席的鞋，只不过主席当时穿的是单鞋，但他还是看出了主席脚的大小，既是做棉鞋，就大小、长宽上各多出五分嘛。

在刘志丹的指点下，同桂荣反复剪了几遍，终于把鞋样剪好了。刘志丹看后很满意，说："照这样下去，你一定能做好，出色完成我交给你的任务。"

同桂荣笑着说："哎，做双棉鞋还能算啥重要任务呢?"

刘志丹严肃地说："那当然，这可是给我们党的领袖做的棉鞋啊!"

同桂荣像一个战士接受战斗任务似的问道："完成这个任务有什么要求吗?"

刘志丹认真地说："第一式样要好看，第二里子要轻，帮子要深，鼻梁要高，第三要结实耐穿。"他看妻子听得非常认真，就继续说道："你要知道，毛主席穿它要走遍万水千山，在冰天雪地里要指挥万马千军，创建一个崭新的中国啊。"

两天后的晚上，妻子同桂荣按照刘志丹提的三个要求，终于做好了这双意义不平凡的棉鞋。刘志丹从军委回来，高兴地拿起鞋看了又看，又把手伸到鞋里，感到又软又暖和，便乐呵呵地说："这次任务你完成得非常好，我表扬你。"

同桂荣反而不好意思，而且有些紧张地说："就怕主席嫌弃做得不好。"刘志丹说："你放心，保证主席不会嫌弃。"

第二天，刘志丹把棉鞋，托他的黄埔老师也就是周恩来副主席转交给了毛泽东，毛泽东很喜欢它，连连向刘志丹和他的妻子表示感谢。

（二）

1936 年的春天，可以说是陕北人民在几千年的历史上最欢欣鼓舞最喜气洋洋的一个春天，因为这是党中央到达陕北后的第一个春天，这里到处充满笑声。

刘志丹由于新组建二十八军并担任军长，所以非常忙碌，同时也异常兴奋。他感到自己多年的奋斗和战斗，如一条奔淌不息的河流终于找到并汇入了大海。他经常废寝忘食，没明没夜地工作。他常对刚组建的红二十八军指战员说：“我们这支部队历史还不长，各方面的基础都比较差，所以我们一定要虚心向中央红军学习，学习他们的思想作风，学习他们的战斗经验，只有这样，我们红二十八军才能得以迅速成长。”平日里刘志丹和战士们一样吃着大锅小米饭，穿着缀补丁的衣服，所不同的是他在思考问题的时候，喜欢抽着老旱烟叶。

时值正月，老乡们得知刘志丹又要离开他们，去东征打仗了，就纷纷拿着红枣馍馍、鸡蛋挂面，一路敲锣打鼓，扭着秧歌，来欢送红军。而刘志丹每当看到路旁有欢送的人群时，就远远地下马，笑眯眯地走到群众面前，向群众一一道谢。

正当大家和刘志丹话别时，突然从门外传来一个十分亲切的声音：“你们闪开点，让我看看咱们的老刘。”

大家一看，原来是村里一位双目失明的老太太，她今年都70多岁了，满头白发，脸上皱纹密布，一看便知她饱尝了生活的风雨坎坷。她拄着拐棍，由孙女搀扶着，颤颤抖抖地走进来，手里还提着一篮子又红又大的红枣。

大家都自动给大娘让开一条路，让老人走进来。有人好奇地问：“老妈妈，你看不见，又怎么能看见老刘呢？”

大娘说：“我看不见，不是还有手嘛，我可以摸嘛。”说着便伸出手：“咱们的老刘在哪儿，老刘你在哪儿？快让我摸摸你，你可是我的亲人呀。”

刘志丹赶忙走到跟前说：“大娘，我在这里。”

大娘高兴地握住刘志丹的手，那双枯干的眼睛又似乎湿润了。她无限深情地说：“老刘啊，你可是我们陕北人民的支柱啊，听说前些日子你被人害得不轻，我心里那个疼呀，好几个晚上都睡不好觉，多亏毛主席来了救了你。这是大娘叫孙女在枣树上一颗颗挑选出来的红枣，红枣能补身子，你该好好补补，你看这手瘦的。”大娘的手又摸到刘志丹的脸上，摸到刘志丹消瘦的面颊，边摸边不停地说：“你看，都瘦成这样了，你可是咱们穷人的贴心人啊，枪林里来弹雨里去吃了多少苦啊。”刘志丹也激动地说：“大娘，这没啥，大家都很努力呀。只要在毛主席的领导下，一切都会变好的。您年岁越来越大，也要好好注意身体呀，在共产党的领导下，今后会有您老人家的好日子过呀。红枣留着您自己吃吧，您更需要它呀。”

大娘满眼是泪花，她非让老刘把红枣收下不可，不然不依，就不高兴了。刘志丹只好从命，把枣收下。老妈妈这才高兴地说着什么，紧紧抓住刘志丹的手，摸来摸去，舍不得放开。这种亲人般、母子般别离的场面，令在场的人无不为之感动而流下了热泪。

周恩来副主席知道这事后，十分高兴，他赞扬道：“刘志丹在陕甘人民中深得人心，确实是群众领袖，我们军队和群众的关系，就应该是这样的鱼水关系。”

（三）

这天，刘志丹带着一连红军，穿越郁郁葱葱的大森林。在这遮天蔽日的林海之中，生长着许多木耳、蘑菇、名贵的猴头和珍贵的药材。但因为这里群居着一群群恶狼、豹子、野猪，所以，老百姓都不敢进入森林采收山货。而且，这些恶狼和豹子还经常窜出森林，进入村庄，伤害人畜，严重地危害人畜的安全。群众为了防御野兽的侵害，就养了许多狗，如果没有主人的拦挡，来人是不容易进村子的。

部队沿着弯弯曲曲的林间小路继续往前走着。已到了夜晚，月儿像弯弓似的，向山林投射出淡青的光晕。突然，树林中窜出一个怪物，直扑向刘志丹身边的田兴旺。田兴旺大吼道：“刘主席，快打豹子。”眼见亲爱的同志处镜危险，刘志丹无暇多想，急忙拔出枪，砰的一声，“豹子”应声倒地死了。

枪一响，刘志丹立刻感到有些不对劲，他打开手电筒，对地一照，心里明白了。

那不是一只豹子，而是一只体态肥硕的狗。无意中犯了群众纪律，刘志丹满面愧色。

前面是一个村子，刘志丹决定在这里宿营。睡梦中的群众听到庄上来了队伍，便家家户户点亮了麻油灯。一看是刘志丹的队伍，都非常高兴地把他们迎到屋里，招呼歇息，做饭。刘志丹了解到狗是李大伯家养的，就找到李大伯，很诚恳地说：“老乡啊，我犯了群众纪律了，打死了你家的狗。”

站在旁边的田兴旺，着急地说：“你是为了救我命才打死的，况且天那么黑，什么也看不见，不打死，它就会伤我们的。”

李大伯也说：“打死好，打死好，这畜生最近老咬人，我正准备处死它呢，这下省得我勒死它啦。”

刘志丹说：“不，李大伯，是我犯了错误，我要给您赔偿。”说着便掏出一块银元交给李大伯，李大伯不收，刘志丹硬把银元放在李大伯的手里。

李大伯感慨地说：“红军的主席误会打死一只狗，也要赔偿，白军打死一个人，如同是踩死一只蚂蚁，真是天壤之别啊！”

刘志丹把战士们集合好，说：“同志们，我犯了错误，你们看给我什么处分。”

战士们说：“已经赔了款，事情就算过去了。”

刘志丹说：“不，要按咱们的纪律办，罚我3天禁闭。”

不管同志们如何阻挡，刘志丹还是进了禁闭室。

禁闭室是老乡的一间厢房。刘志丹坐在屋里，看着这低矮的房子，破旧的门窗，心中思绪万千。平心而论，这次误打死老乡的狗，确实不是自己的责任。如果这件事发生在哪个战士身上，他决不会予以处罚。可是，自己是红军的领导，自己不处罚自己，又怎么能带出一支纪律过硬的人民军队呢？当年的封建军阀曹孟德尚且能在马踏青苗的时候，削发代首，何况自己一个共产党的高级领导呢？

思索间，忽听有人敲窗户的声音。刘志丹走到窗前，只听田兴旺用低低的声音叫道："刘主席，现在这附近没有人，您出来透透气吧。"

刘志丹说："那可又犯纪律了。"

田兴旺道："同志们都已经到别处去了，不会有人看见的。"

刘志丹心头一热，但仍斩钉截铁地说："决不要这样说。我是红军的领导，怎么能欺骗同志们？即使没有人看见，我的觉悟和良心都不会允许我出去的。"

田兴旺含着泪走了。

透过薄薄的窗纸，刘志丹望着田兴旺模糊的背影。只见他跌跌撞撞地走着，不时还回头张望。刘志丹忽然觉得自己又做错了什么。是呀！自己为了组织纪律，关了自己的禁闭，殊不知这样做又深深地伤害了一个同志。田兴旺一定认为是他害了我，他的心理上正承受着沉重的自责，自己怎么竟忘记了这一点呢？下一次见到他，一定要消解他的许多自责。

田兴旺的背影消失了，刘志丹收回了自己的视线，重又审视起自己身处的这间陋室。陕北人民太穷了，这间低矮的小屋就是他们生活水平的标志。陕北的人民又太好了，和这样的同志生活在一起，再苦，再累，心里也是甜的。想起那些锦衣玉食的封建军阀们，整日为了一己之利而勾心斗角、尔虞我诈，刘志丹顿生鄙视之意，同时自己的内心也感到非常充实。

英雄百战死，军民同悲伤

（一）

1935年11月13日，中共中央发表《为日本帝国主义吞并华北及蒋介石出卖华北出卖中国宣言》。28日，中央工农民主政府及中国工农红军革命军事委员会发表《抗日救国宣言》。1936年2月7日，中华苏维埃人民共和国中央政府又发布了《东征宣言》。紧接着红军主力改编为“中国人民红军抗日先锋军”，由彭德怀任总司令，毛泽东任总政治委员，杨尚昆任政治部主任。下辖红一军团、红十五军团和红二十八军、红三十军。按照中央的部署，红一军团和红十五军团从清涧一带东渡黄河，红二十八军的任务是进军神（木）府（谷），从佳县以北渡黄河，楔入晋西地区，牵制和打击敌人。2月中旬，毛泽东和彭德怀率领红一军团和红十五军团开始行动，经过几天行军，到达无定河以北，并开始研究渡河的具体地点。阎锡山为了阻止红军东渡，早在河东20余县的黄河沿岸修筑了高碉暗堡，并陈兵十余万，日夜防守。但是，红军没有把阎锡山放在眼里，已经选中了辛关和沟口两个渡口，准备分路强渡黄河。

1936年2月下旬，红二十八军奉中央命令，在周恩来副主席的直接领导下，由军长刘志丹、政委宋任穷率领北上神府，以打通陕北苏区和神府苏区，使两者连成一片，巩固和扩大神府革命根据地，并迅速发展苏区党的组织和扩大地方武装力量，巩固抗日后方，牵制敌军，辅佐主力红军东渡。正是在这种情况下，红二十八军开始浩浩荡荡地北上。在红二十八军北上途中，陕北广大群众得知久负盛名的刘志丹率领红军到来，纷纷扶老携幼，在路旁欢迎红军，看望刘志丹。

有人唱起了信天游——

正月里来是新年，
陕北出了个刘志丹。
刘志丹来是清官，
他带上队伍上横山，
一心闹共产。

二月里来刮春风，
江西上来了毛泽东。
毛泽东来势力重，
他坐上飞机在空中，
后带百万兵……

当红二十八军到达米脂县境内时，中共中央来电请周恩来副主席速回瓦窑堡，以便和东北军商谈建立抗日民族统一战线事宜。刘志丹依依不舍地送走周副主席后，又和政委宋任穷率红二十八军继续北上，并指挥红二十八军屡挫敌人，迅速向北挺进。在短短一个多月内，先后在清涧、绥德、米脂、吴堡等10多个重要城镇，打击了敌人，胜利地进入神府苏区，并将神府苏区和陕北苏区连成一片。

（二）

这是进军神府的一些片断——

渡河中必须进军神府，这一段路约有五六百里，从未打通过。特别是自打去年9月闹“肃反”之后，阎锡山又进来捡便宜。井岳秀、高桂滋都活跃起来，把红区又变成了白区。这一路的敌人据点，密如蚁穴鼠洞，到处都有。

红二十八军是一支新军，要长驱直入神府，就得挥戈征战，开辟新区。

警卫员用盆打来一盆小米饭，刘志丹和宋任穷边吃边谈。突然，走进来个通信员：“发现敌人！”

宋任穷忙问：“在哪里？”

“西马家川。阎锡山的骑兵，还有史老吆的人，跟独立营已接了火。”

刘志丹果断命令道：“红二团压住红山庙，红三团压住李家寨子……”

不一会儿，那战士又闯了进来：“独立营和敌人争夺山头，敌人已接近红山庙。出门就能看见。”

“出发！”刘志丹带头冲了出来。

一团长黄志民听到命令，急往回赶。一团，二团，都急速往山上运动。

刘志丹喊道：“这个庙一定要夺下来！庙上住的全是婆姨娃娃，不打下来，这些婆姨娃娃不得了！”

红一团大都是绥德本地人，他们的婆姨娃娃、亲戚朋友，也有在庙上的，夺取庙的劲头很足。刘志丹话音刚落，矮小精干的一团政委王子新就带着部队拼命往庙上冲。

红军冲，敌人也冲，双方正争夺得激烈。

只见三团长杨剑骑着白马，挥起马鞭，踢土扬尘，冲上山坡。口中还喊着："上！上！"红三团好似猛虎扑食，奔向敌人。敌人也发了疯拼命射击，有几颗子弹飞到刘志丹脚下，"噗噗噗"钻进雪窝。

刘志丹叫司号员："吹冲锋号！"

刘志丹命令："重机枪扫射！"

宋任穷："迫击炮上山！"

迫击炮正在出沟，三团长杨剑冲劲儿过猛，迎上了枪林弹雨，被战士们抬了下来，藏在沟里，怕刘志丹看见。宋任穷望着对面山说："红军的反冲锋被敌人压下来了。"

刘志丹："史老幺是井岳秀收编的土匪，狡猾得很！"命令："用迫击炮射击！"

"嗵！"炮手一推。

"迫击炮再射击！"

炮手又用尽力气发出第二颗炮弹。这一炮还真打得准，恰好打到庙旁，炸了！

"第三颗！"

一声巨响。

"第四颗！"

全炸了。

敌人乱了阵脚。"红军打炮了！""红军打炮了！"蚂蚁般乱了阵脚。

这里的敌人，还没挨过红军的炮。敌人急忙用骑兵掩护撤退。

“嗵！”又飞去一炮。

马群里开了花。

马群乱蹿，把队伍冲得七零八散。

红军喊声连天，奋勇急追。

刘志丹走下山头。

“报告！三团长杨剑同志牺牲了。”

刘志丹扑向担架，蹲下身，伸手摸杨剑，刚触到杨剑的额角，像触了电，手一哆嗦，立时泪如泉涌。

（三）

与此同时，正当毛泽东、彭德怀等率领东征大军渡过黄河，由晋西分兵两路向东挺进，突破敌人的一道道防线并逼近同蒲路时，阎锡山急忙调兵遣将堵截和阻挠红军开往抗日前线。为此，3月下旬，中共中央电令红二十八军从佳县以北东渡黄河，破坏阎军在罗峪口和黑峪口之间的沿河防线，插入晋西北地区，配合红十五军团迅速打通奔赴抗日前线的道路。刘志丹、宋任穷等红二十八军首长接到中央电令后，迅速率部攻克了黄河西岸的沙峁头，并在多次访问当地群众和下水侦察的基础上，决定将位于山西省兴县境内的晋陕交通要冲罗峪口作为渡河的突破口。这里虽然山陡河窄，水流湍急，但正是阎军易于疏忽防守的地方。3月底，红二十八军在刘志丹指挥下，胜利地渡过了黄河，并立即摧毁黑峪口阎军指挥部，随即向兴县黑峪口、康宁镇横扫过去，一路上势如破竹，致使妄图阻挡红军前进的阎锡山军队惊恐万状，狼狈逃窜。红军乘胜追击，声威大震。因此，长期在阎锡山黑暗统治下的晋西北的贫苦农民，无不含着喜悦的泪水，欢迎红军，其中还有许多青年农民踊跃参加红军，从而使战斗中的红军得到进一步的发展和壮大。

胜利的消息传到后方时，根据地的军民沸腾了。

“咱们老刘又打胜仗了！”

“咱二十八军过河后没停脚就从罗峪口打到黑峪口，向东打到兴县，回头又南下打下康宁镇了。”

“听说咱们老刘过河时把被子掉到河里去了。”

同桂荣挤过来：“那可盖啥呀？”

“哈哈——”一位老大爷一抹胡子，笑着说：“盖周副主席送他的那件灰棉大衣呀。人们都说那是火龙衣，咱们志丹穿上不但暖和，还刀枪不入哩！”

同桂荣也笑了。

另一个人说：“毛泽东从南向北打，咱老刘从北往南打，还要在河东，来个大会师哩。”

诗人贺敬之写下这样的诗句，满怀激情地歌颂道：

刘志丹啊刘志丹！
千军万马过了河，
先锋部队爬上山。
白军的哨兵消灭掉，
问“口令”：
“——抗日救国英雄汉。”
“哪部分？”
“——工农红军刘志丹！”

刘志丹啊刘志丹，
黄河挡不住，

高山防不严；

刘志丹啊刘志丹，

英雄挺胸站，

西北红半边；

刘志丹啊刘志丹，

过黄河，马加鞭，

军号响，炮声喧；

——从今后，踏破河东千里地，

红旗飞过万重山！

（四）

当红二十八军挺进到山西省临县白文镇时，为了与挥师北上的红十五军团会师，刘志丹常去和徐海东、程子华等商讨军政局势，研究工作。也就在这时，刘志丹等接到中央军委急电："为了配合南线红军进逼汾阳，威胁太原，并打通前方与陕北之联系，保证红军背靠陕甘老苏区，命令二十八军即向离石以南之黄河沿岸地区进击，并相机攻占三交镇，牵制和调动敌人。"接此命令后，刘志丹率部立即由白文镇出发，经过激烈战斗，经离石按时到达三交镇附近。4 月 13 日，彭德怀司令员和毛泽东政委下达了消灭三交镇阎军的命令。

三交镇是山西省中阳县境内的一个重要渡口，河西就是陕北革命根据地绥德。阎锡山在该镇周围设有坚固的工事，并派遣一个团的兵力严加防守。为了打好这一仗，刘志丹带领有关人员上山对该处的地形进行实地观察和了解。他拿着望远镜对三交镇周围的每一座山，每一条河，每一条路，每一个村，都详细地加以观察，并一一作了记录。不仅如此，他还向当地群众进行周密的调查和访问。

正是在此基础上，刘志丹等制定了攻打三交镇的作战方案。

4 月 13 日晚，红二十八军攻占三交镇的战斗打响了。

此时，刘志丹又拿起铅笔，一会儿在地图上作记号，一会儿来回走动，一会儿又侧耳听枪声，就这样彻夜不眠地在军部指挥所紧张地关注和指挥战斗。

4 月 14 日，红军已经占领了三交镇周围的大部分阵地。但这时苟延残喘的阎军集中兵力拼死困守着三交镇东北部的一座主要山头，负隅顽抗。为了拿下这个山头，迅速结束战斗，刘志丹拿着望远镜，走出指挥部，亲自爬上前沿阵地的山顶，观察阎军军情并指挥部队向阎军发起冲锋。

就在这时，阎军的一发子弹不幸击中了刘志丹的左胸，伤了心脏，致使刘志丹当即昏迷过去。过了一会儿，当他的神志稍有清醒时，仍以顽强的毅力，断断续续地告诉身边的同志：“让宋政委……指挥部队，赶快消灭敌人……的……”未说完就停止了呼吸。这时，他年仅 34 岁，他为中国人民的解放事业贡献出自己年轻而宝贵的生命。

在前线指挥所的红二十八军政委宋任穷得知军长刘志丹牺牲的噩耗后，急忙从指挥所赶到阵地前沿，来到刘志丹身边，抑制着万分悲痛的心情，跪在地上，抚摸着刘志丹的心脏和脉搏，详细地查看了他的伤口，并向在场的同志询问了刘志丹负伤的经过与处置情况，还询问医生有无抢救的希望……

坚守在附近阵地上的红二十八军的勇士们得知自己的军长刘志丹不幸牺牲后，顿时一片沉静，鸦雀无声。大家好似做梦一样，都不相信自己的耳朵，每人的内心迅速燃烧起熊熊烈火，爆发出一片报仇的决心，并不约而同地端起自己手中的机枪、步枪一齐向敌人发射了一排子弹，以表示向刘军长志哀，为刘军长雪恨。

（五）

当毛泽东听说刘志丹牺牲后，沉痛的表情一下子在脸上凝固了，闭起窑门一个劲儿地猛抽烟……

刘志丹的遗体运回陕北瓦窑堡时，周恩来怀着沉痛的心情，亲自扶灵入殓。他安慰刘志丹的亲属说：“志丹同志为革命光荣牺牲了。他是我党优秀的党员，卓越的好同志，我们要化悲痛为力量，继承他的遗志，更好地为人民做事。”

刘志丹不幸牺牲的噩耗传出后，陕北高原为之震动。4 月 24 日，在革命根据地首府瓦窑堡，数千人集会隆重悼念刘志丹。

黄河岸边。

在两排战士护卫下，一副担架缓缓地从陕北山村中走过。战士们露出无比沉痛的表情。

那位老艄公喊着：“我不相信是咱的老刘。我老汉不信哪！”

他扑过去，揭开粗布白布单，便立即跪倒在地，痛哭着。

山山洼洼上，沟沟壕壕里，都是饮泣的群众，人山人海。

突然间，百支唢呐悲壮地朝天吹奏。曲子是哀乐的雏形曲子，陕北最著名的唢呐曲牌《风凤铃》。

按陕北乡俗，披麻戴孝的送葬队伍出现了。前列是披麻戴孝的妻子同桂荣、女儿刘力贞等刘志丹的亲属，后面是庞大的党政军送葬队伍。

送葬的人群中，传出了悲天撼地的信天游——

东征死了好老刘，
人人哭得不抬头。
细面长来白馍软，

端来碗就想起刘志丹。

眼泪顺着饭碗流，

世世代代想老刘……

“沙场喋血报党国，留得万民哭志丹”，这正是当时人们心情的写照。

为了永远纪念刘志丹，边区政府于1936年5月，将刘志丹的家乡保安县改名为志丹县。

上年，刘志丹的战友、陕北根据地另一位创始人谢子长的故乡安定县已改为子长县。

1942年，刘志丹牺牲6周年时，毛泽东亲笔题词：“我到陕北，只和刘志丹同志见过一面，就知道他是一个很好的共产党员。他的英勇牺牲，出于意外，但他的忠心耿耿为党为国的精神，将永远留在党和人民中间，更不会磨灭的！”

1943年，当刘志丹陵园落成时，毛泽东又挥笔题写了“群众领袖，民族英雄”8个大字。

周恩来的题词是：“上下五千年，英雄万万千。人民的英雄，要数刘志丹。”

朱德的题词是：“红军模范。”

陕甘宁边区政府主席林伯渠的题词是：“长使丹心贯日月，拼将热血洗乾坤。拯民卫国更忠党，史绩不刊千古存。”

张闻天、博古、王稼祥、陈云、彭德怀、李富春、贺龙、徐向前、叶剑英、蔡畅等党政军领导人以及李鼎铭先生等也为志丹陵题词。

各界人士近万人参加了公祭刘志丹大会。

“人生自古谁无死，留取丹心照汗青。”刘志丹以其凌云壮志、英雄业绩和优秀品德，对这流传千古的诗句作了最好的诠释。

全国解放后，国务院、省政府拨款修建、扩建了刘志丹、谢子长两位烈士的陵园。

志丹县城北的炮楼山和瓦窑山之间，河水轻轻绕过。沿着城里的一条沥青马路顺山而上，走一百多米就是刘志丹烈士陵园。门里两旁柏树成行，柏树后面是茂密的林木。再往前，就是几十位中央领导人和老前辈们的题词石刻。

刘志丹的墓矗立在六层石阶底座上，大理石像坐落在陵园中央。山塬、蓝天化为远距离的衬景。天地间只有墓碑在放大，放大。

这是一座不朽的丰碑。

这是一片红色的风景。

这是一卷壮美的史书。

一代一代的后来者，从这里受到激励，得到鞭策，

汲取着无穷的精神、斗志和力量！

（注：本书在编写过程中，参考了《中国人民解放军大事记》、《解放军烈士传》、《开国上将》、《延安大本营》、《裴周玉回忆录》等作品，在此一并表示衷心的感谢！——作者）

图书在版编目（CIP）数据

刘志丹的故事/马骆编著.
北京：中国社会出版社，2006.9
（英雄故事丛书/朱司俊　徐　雁　主编）

ISBN 978-7-5087-1334-2

Ⅰ. 刘…　Ⅱ. 马…　Ⅲ. 刘志丹（1903～1936）-生平事迹
Ⅳ. K827=6

中国版本图书馆 CIP 数据核字（2006）第 105547 号

丛 书 名：英雄故事丛书
主　　编：朱司俊　徐　雁
书　　名：刘志丹的故事
编 著 者：马　骆
责任编辑：杨　晖

出版发行：中国社会出版社　　　邮政编码：100032
通联方法：北京市西城区二龙路甲 33 号新龙大厦
电　　话：（010）66050647　（010）66051713　（010）66061708
网　　址：www.shcbs.com.cn
经　　销：各地新华书店

印刷装订：中国电影出版社印刷厂
开　　本：150mm×225mm　1/16
印　　张：11.5
字　　数：162 千字
版　　次：2012 年 3 月第 2 版
印　　次：2014 年 6 月第 3 次印刷
定　　价：18.50 元

图书在版编目（CIP）数据

[illegible]